JAMES RHODES

MADE IN SPAIN

Cómo un país cambió
mi forma de ver la vida

Traducción de
Ismael Attrache

Papel certificado por el Forest Stewardship Council®

Primera edición: abril de 2021

© 2021, James Rhodes
© 2021, Penguin Random House Grupo Editorial, S. A. U.
Travessera de Gràcia, 47-49. 08021 Barcelona
© 2021, Ismael Attrache, por la traducción

Printed in Spain – Impreso en España

ISBN: 978-84-17809-91-1
Depósito legal: B-796-2021

Compuesto en M. I. Maquetación, S. L.

Impreso en Liberdúplex
Sant Llorenç d'Hortons (Barcelona)

PB 0 9 9 1 1

A España.
A Mica.
Y, sobre todo, a todos aquellos
que se han sentido alguna vez
como un pulpo en un garaje.

INTRODUCCIÓN

En 2017, con tres maletas, cuatro palabras de español y un cansancio tremendo, me instalé en España.

Ni me imaginaba el impacto colosal que esto iba a tener en mi vida. En mi fuero interno, una parte de mí temía que huir de mis problemas no solucionara nada, porque por desgracia la verdad es que no puedes escapar de ti mismo. A pesar de ese miedo, acabaría notando que me aproximaba a una sensación de plenitud, de pertenencia, a un calor de hogar completamente nuevo.

Este libro, este viaje, empieza con rabia. Rabia por la inexplicable forma en que España se odia, algo que he visto con mucha frecuencia. Más rabia todavía al pensar en mi país de origen, mi antiguo hogar, en el Reino Unido y el horror del Brexit.

Espero que podáis ser pacientes y tolerantes en esos momentos. A veces me hace falta desahogarme: la rabia es una emoción sana, a pesar de lo que nos dicen a muchos de pequeños, y expresarla en palabras, reconocerla y compartirla me permite procesarla, aceptarla y, como ya veréis, entregarme al cariñoso abrazo del país más mágico que he tenido el honor de conocer. Este viaje me ha permitido confiar, al fin, en la bondad, en el amor y en el bien común.

«Viaje.» Me cago en la leche. Un cliché de la hostia, ya lo sé.

Venga, vamos al lío.

RABIA
Capítulo 1

España es un paisito de mierda, infame, mezquino. Un sitio que en su momento fue un peso pesado mundial, en todos los aspectos posibles, ha mutado, se ha marchitado y ha menguado hasta convertirse en un país que apenas es una sombra de su antiguo ser. Sus ciudadanos son superficiales, egoístas y, en buena parte, incultos.

El panorama político es tan aterrador como vergonzoso para todos aquellos que participan en él: una desagradable mezcla de postureo, racismo, comunismo, machismo, chorradas progresistas, alarmismo, reproches, zancadillas, mezquindad y estupidez. Por no hablar de la indecente corrupción, las mentiras y la manipulación que han invadido la Moncloa como un cáncer y que han metastatizado hasta convertirse en el grotesco espectáculo que nos vemos obligados a presenciar día a día.

Los perroflautas progresistas vomitan sus políticas culturales y en favor del colectivo LGTB a la mínima que pueden, e intentan metérselas con calzador a nuestros hijos antes incluso de que estos sepan hablar. La derecha quiere acabar con todo y volver a la situación que se vivía con Franco. A los inmigrantes que les den; a los pobres que les den; las mujeres, que se dediquen a cocinar y follar y cerrar la puta boca; los discapacitados, físicos y mentales, que se las apañen solos; y mejor aislémonos por completo de los extranjeros y hagamos las cosas a nuestra manera.

En lo económico, España es lamentable. Un hazmerreír en la escena mundial. Por Dios, aquí, si tienes la suerte de ganar mil euros al mes, se te considera de clase media. Todos los bancos son unos cabronazos, el 1 por ciento más rico se dedica a robar, sobornar y delinquir para no perder su dinero sucio. La galopante desigualdad queda de manifiesto en todos los barrios de todas las ciudades, y quienes tienen el poder de cambiarla la ignoran alegremente.

Dependemos de borrachos turistas de piel quemada para sostener la economía. Llegan por millones, todo lo piden con ketchup, buscan cualquier restaurante en el que haya patatas fritas, vomitan, se pelean y luego se tiran por los balcones.

Aunque, a decir verdad, a cualquiera que pase una temporada en este país le entran ganas todos los días de lanzarse grácilmente al vacío desde un edificio alto.

El tema de la prensa, pues bueno, es que es de coña. Hay dos bandos, la derecha y la izquierda, ambos financiados por expertos manipuladores. Los dos bandos mienten, crispan, atacan y sueltan opiniones y comentarios que no se basan en los hechos, sino en lo que dictan sus gerifaltes. Lanzan acusaciones, se indignan a gritos y promueven de forma activa la xenofobia, la homofobia, el racismo y el troleo. Aquí el periodismo murió hace décadas. Lo que tenemos es una versión chunga de un toreo hecho de tinta, con el público de Las Ventas drogado, un público que recibe una y otra vez las estocadas de los mismos gilipollas que llevan demasiada gomina y que se empalman de solo pensar en el escándalo.

La educación es de chiste. Aquí la gente apenas sabe lo que es la ortografía, así que de construir una frase o utilizar el imperativo con corrección ni hablamos. Sobre todo cuando hay tantas putas lenguas distintas. Y mejor no entremos en el tema de las artes. Antes la cultura española era la envidia del mundo. Hoy lo mejor que pueden ofrecer es el reguetón, que viene a ser la fusión más fea, cutre y horrísona de rap y hip hop que hay en el mundo. La tierra de Cervantes, Lorca, Albéniz, Velázquez y Picasso nos ha acabado dando a Bisbal y Zara. Felicidades, cabrones.

¿Y lo de Cataluña? ¿En serio? No sé a quién le importa una mierda. A no ser que hables catalán sin acento y que nunca sonrías, te tratan como si fueras basura. Que se independicen y que se conviertan en un factor de progreso, lleno de prosperidad, orgullo y cultura soberana, como un faro mundial de la excelencia. O veamos cómo lo intentan y fracasan, cómo acaban degenerando en una ciénaga de brutalidad policial, sectarismo y recesión. O, si no (por Dios, qué aburrimiento de tema), que Cataluña siga formando parte de España y, bueno, sus ciudadanos acompañen al resto del país a la hora de quejarse todo el día del pozo de mierda en el que están metidos. No va a cambiar nada.

Por no extenderme más: España es una puta vergüenza y un desastre.

Capítulo 2

Lo siento.

Perdonadme. He estado oyendo demasiadas charlas de bar, viendo demasiados programas de tertulias en horario matutino y leyendo demasiadas opiniones de españoles de verdad, y está claro que, por un momento, me he creído que yo también era realmente español, en lugar de un guiri que ha acabado aquí y que ha hecho todo lo posible por convertirse en español de adopción. No hagáis caso de las páginas anteriores; es evidente que me estoy integrando a marchas forzadas.

La verdad es que llevo tres años esperando para escribir este libro. Muriéndome de ganas de desatarme y dejar que todos los sentimientos que me inspiran este país y su gente caigan sobre la página en una fabulosa cascada de alegría y energía. Todas las palabras van a ser un puto placer. Esto es una carta de amor, un discurso nupcial, un panegírico, un canto de alabanza que prácticamente se escribe solo.

La mayoría de los libros empiezan a redactarse con el peso inconsciente de las expectativas. El autor, que padece el síndrome del impostor, se desespera por repetir al fin el éxito de su primer libro, ocurrido hace muchos años; le invaden el pánico y la ansiedad de los plazos de entrega mientras da los primeros pasos en el campo base del Everest. Bueno, pues no es mi caso. De eso nada. La única ansiedad que me produce este libro es saber que solo hay ochenta y ocho mil palabras en el diccionario de la RAE y que no podré encontrar, ni juntar, suficientes combinaciones de ellas que le hagan justicia a lo que siento por España, por mi nuevo país.

Y tranquilos. Ya sé que parece que me dejo llevar un pelín por el entusiasmo. Que lo veo todo de color de rosa. La fase de luna de miel. El autoengaño. Decid lo que queráis. Se dará la reacción, quizá comprensible, de sentir vergüenza ajena y rechazar ciertas cosas que digo al considerarlas absolutamente exageradas y cursis hasta lo insoportable. Pero he visto España. A estas alturas he visto hasta la España profunda. Llevo aquí el tiempo suficiente para percibir tanto las luces como las sombras. Y, si seguís leyendo, lo que espero es que entendáis los motivos de mi entusiasmo. Porque os prometo una cosa: está completamente justificado.

Nunca había entendido en qué consiste el patriotismo hasta que llegué aquí. Para mí, la idea de amar tanto a mi país —ese orgullo creciente que surge al contemplar nuestro esplendor colectivo y nuestros asombrosos logros— me parecía una cosa aborrecible. A ver, que soy inglés, coño. ¿De dónde podría salir exactamente la sensación de orgullo? ¿De una victoria en la Copa del Mundo hace cincuenta años? ¿De una sanidad pública que se está cayendo a pedazos? ¿Del tremendo racismo? ¿De la mierda de comida? ¿De Benny Hill? Bueno, vale, os acepto a Benny Hill. Y también a Bowie. Pero el problema es que todas las cosas y personas grandiosas del Reino Unido llevan mucho tiempo muertas. Y, aunque es algo muy simpático y quizá bonito y nostálgico que te la sigan poniendo dura Shakespeare, Elgar, Newton y los Beatles, me parece un poquito hipócrita vivir en un sitio en el que solo te llenan de orgullo las hazañas de los espíritus.

No es de extrañar que el patriotismo y el nacionalismo, conceptos que pueden ser preciosos si surgen de forma natural a través de la compasión, el bien común y la cultura, hayan sido requisados e incautados en tal grado por la extrema derecha y los de su calaña, a los que beneficia la idea de lo que fuimos y lo que podríamos ser, nunca de lo que somos de verdad.

En mi experiencia, de vez en cuando y si tenemos mucha suerte, se nos presenta una ocasión de volver a hacerlo todo. De empezar de nuevo. Otro comienzo. Es decir, plantearse la vida de una manera distinta.

Digo de vez en cuando, pero en realidad es algo superinfrecuente. Las segundas oportunidades son una cosa. Tener la posibilidad de volver a empezar de cero, con una nueva familia, nuevos amigos, una cultura, un hogar, un país, una forma de vivir distinta…

Bueno, es algo espectacular. Una especie de programa de protección de testigos para gilipollas que han desperdiciado su primera versión de la vida. Por eso, si fuese lo bastante afortunado para ver una segunda oportunidad de estas delante de mis narices, la cogería con la mayor rapidez posible y no la soltaría jamás.

Que es exactamente lo que hice.

Hay una importante corriente de pensamiento según la cual hay que aceptar todo lo que nos pasa en la vida y no resistirse a nada. Dejarse llevar. El poder del ahora. Relajarse hasta que uno se funde con cada minuto y con el universo. Y, aunque todo eso está fenomenal cuando en la vida todo va felizmente y sin contratiempos, ya no mola tanto cuando todos los momentos que pasas despierto son como un puñetazo en la cara.

Es facilísimo, aunque muy peligroso, dejarse llevar de manera pasiva por la vida. Resistirse solo nominal y mínimamente a lo menos malo, al tiempo que uno se somete por completo a la inacción. Y es tan ridículo el estado de la condición humana y de nuestra mentalidad colectiva que solo cuando sentimos que nuestras elecciones vitales nos van a llevar al borde de la puta muerte nos sentimos obligados a tomar la decisión de morir o cambiar.

Frente a los breves e infrecuentes momentos de verdadera felicidad, demasiados de nosotros seguimos en trabajos que odiamos o matrimonios que son un triste vestigio del amor; soportamos a familias que no nos apoyan, a amigos que nos traicionan o que se muestran indiferentes a nuestras necesidades; mantenemos rutinas y cuerpos que nos fallan y que nos van empujando lentamente a una muerte temprana, y lo hacemos en medio de una corriente casi constante de quejas internas y con una creciente sensación de injusticia e impotencia, hasta que, o bien nos rendimos y aceptamos que así es la vida (no hay más que ver las sombras aturdidas de seres humanos que viajan en el metro, llevando una existencia de muda desesperación, o a las amas de casa pijas que tanto se esfuerzan por engañar al mundo con una sonrisa, un todoterreno y los dudosos triunfos deportivos de sus hijos, proclamados en una pegatina del coche); o bien, muy de tanto en tanto y por un golpe de gracia, logramos acceder a una misteriosa, excepcional y recóndita fuente de resiliencia y energía, que nos brinda la capacidad de reescribir nuestros últimos capítulos. Tal como dejó escrito el difunto y genial C. S. Lewis: «No puedes volver al principio y cambiarlo, pero sí puedes empezar por donde estás y cambiar el final».

Capítulo 3

Hace escasos años se me presentó esa oportunidad. Una ocasión de cambiar para siempre, y a mejor, el curso de mi vida. Recibí algo de ayuda en el camino, algún que otro empujón, alguna sorpresa esporádica e inesperada del universo, pero, harto de pasar tantas horas desgraciadas en la sala de espera del infierno, de verme arrastrado por una vida que me estaba matando y deprimiendo a partes iguales, decidí que ya estaba bien y cambié de país, de idioma, de identidad y, finalmente, de nacionalidad. Casi de un día para otro.

Y no fue tan difícil como podría pensarse.

Por extraordinario que parezca, la verdad es que fue algo tan fácil, natural, sosegado, ordenado, divertido y agradable que se lo recomiendo a cualquiera a quien le apetezca hacerlo. La versión sencilla y corta es que, al igual que una serpiente que muda de piel, en el transcurso de un fin de semana básicamente me deshice de la mochila de mierda que había llevado toda la vida, me despedí de casi toda la mierda insana, pesada y tóxica de la que había estado rodeado, cogí un avión e inicié muy entusiasmado, aunque con ciertas dudas, la vida que me correspondía vivir en vez de aquella que me había tocado por error, por culpa de una tremenda cagada cósmica perpetrada por los peces gordos que gestionan el almacén de la vida.

Si lo pienso ahora, la verdad es que tenía bastante sentido que eligiese un país que, por lo visto, se gusta muy poco, algo que manifiesta con una pasión de lo más arraigada. Un amigo mío me decía en broma que, si me pusiera delante cien chicas para que yo eligiera una con quien salir, de forma instintiva escogería a la más dañada emocionalmente y me enamoraría de ella al cabo de unas horas. Los traumados nos reconocemos unos a otros. Tenemos una especie de radar para detectar a las personas disfuncionales y destrozadas. Y, aunque se trata de algo rotundamente falso, según mi experiencia, España se ve justo así: disfuncional y destrozada. Quizá sea la herencia de una brutal guerra civil, de la dictadura, los apuros económicos, demasiado sol, *El hormiguero*, la corrupción política, la paella de Jamie Oliver..., yo qué sé, pero, por lo que yo he vivido, cuando les dices a los españoles que te encanta su país, instintivamente hacen todo lo posible por decirte que no tienes ni puta idea. Y pueden ser bastante persuasivos.

Quizá por eso quiero tantísimo este sitio.

Si habéis leído mi primer libro, *Instrumental*, lo entenderéis a la perfección. Mi vida ha estado llena de confusión: la he sobrellevado entre el desconcierto y el miedo, la escasez de calorías y los subidones de cortisol, corriendo para no caerme o en estado catatónico, inmóvil, tratando de olvidar. No tenía ningún concepto de lo que era un hogar, de lo que eso significaba. Mi casa siempre me había parecido una zona de guerra. Había tenido un padre ausente y narcisista, una madre que no se enteraba de nada ni de nadie que no fuera su diálogo interior, rotundamente ensimismado y ansioso, y cuya salud mental andaba lo bastante mal para que ese diálogo siempre se expresara en voz alta, para que nunca se quedara en el interior, donde procuran mantenerlo todos los lunáticos respetuosos. La seguridad no existía. El mundo dolía. Yo estaba menguado. La confianza era inexistente. Fiarse de algo era inimaginable.

Aunque quizá lo que más me costaba sobrellevar era el hecho de que ni de niño ni de adulto entendía mi mundo, nuestro mundo, el mundo. Recordaba la total confusión que había sentido palmariamente en mi infancia y, aunque con el paso del tiempo se mitigó un poco, en mi edad adulta volvió aún más reforzada. La sensación continua de que estás en un mal viaje de ácido. De que en las cosas hay algo, no sé, que no acaba de encajar. No del todo. A veces el desajuste del mundo era de una fracción de milímetro; otras, de cinco putos campos de fútbol. El mundo me sabía distinto que a todas las demás personas que lo habitaban. Yo era un extra involuntario en *Origen* de Christopher Nolan.

Sin duda, muchos tenemos esta sensación al crecer; los niños son por fuerza egocéntricos. Existen en el mismo centro del mundo, es lo que son. Por eso no pueden concebir realmente un mundo fuera del suyo. Todos somos islas diminutas, felizmente ciegos a otras de mayor tamaño que orbitan a nuestro alrededor. Por eso, en mi interior sentía, me decía y sabía a ciencia cierta que, mientras que todos mis semejantes se habían adaptado bien y eran sociables y estaban contentos, yo era el único niño del mundo que se sentía solo y aterrorizado. Todo. El. Puto. Rato.

De pequeño, teniendo en cuenta lo que me estaba pasando (cosas malas, luego volveré a este tema), esto resulta comprensible. Incluso necesario. Un modo de supervivencia incorporado. Sentirte fatal produce una retorcida sensación de consuelo porque, aunque duela, al menos cuando estás solo nadie puede hacerte daño (excepto tú mismo). Pero ¿tener esa sensación de adulto, pasados los treinta? Es triste hasta decir basta. Había perdido cualquier atisbo de control sobre mi vida. Había tocado fondo. Como si me hubieran vaciado por dentro. Y lo peor de todo: vivía en Londres.

Existe una idea romántica de Londres gracias a Dickens y T. S. Eliot, Harry Potter y Sherlock Holmes. La ciudad se ve, con todo glamur, como un centro global de excelencia financiera, cultural y culinaria (en serio). Yo no puedo más que pedir perdón, pinchar la burbuja y deciros a todos, con vehemencia y sin titubear, que odio el puto Londres. Bueno, en realidad todo el Reino Unido. Desde un punto de vista financiero quizá seamos potentes, pero eso solo quiere decir que se nos da mejor evadir impuestos y proteger al 1 por ciento que a la mayoría de los países. Culturalmente, pues bueno, si cuentas a ciertas personas de hace cientos de años es un sitio estupendo. Pero la criminal infrafinanciación de las artes y la aniquilación de la educación musical, que ha ido aumentando de año en año a lo largo de varias décadas, han pasado factura, si no incluyes *The Voice* o *Factor X*, donde el premio es un disco por el que no te pagan, un número de seguidores decente en las redes sociales, un tremendo acoso mediático y un gran troleo. ¿Y en lo culinario? Si estás dispuesto a pagar setenta u ochenta euros por cabeza, pues sí, es verdad que puedes comer bastante bien en Londres. A veces. En Inglaterra, salir de un restaurante diciendo: «Ha estado de puta madre» es mucho más la excepción que la regla. En España, eso pasa casi siempre.

Había acabado tan desilusionado tras vivir tanto tiempo ahí, en conjunción con las desgraciadas circunstancias de mi vida (muchas de las cuales las había creado yo solito), que con el paso del tiempo empecé a ver el Reino Unido como el hombre arrogante, mimado y resentido que se había divorciado de Europa.

Empecé a darme cuenta de que lo de la mentalidad insular del Reino Unido es algo verdaderamente tremendo y produce una arrogancia y una actitud de las que el Brexit constituye el ejemplo perfecto. Creemos, quién sabe por qué, que somos mejores que los demás. Que todos los demás. Como si de un modo u otro siguiéramos siendo dueños de la mayor parte del mundo. Pero está claro que no es el caso. Nuestra influencia ha ido menguando década a década y, como país, nos hemos convertido en poco más que una sombra, el matón convertido en víctima, asustado, empequeñecido, andrajoso y herido. Por tanto, atacamos. Atacamos a los extranjeros, nos atacamos entre nosotros, atacamos todo aquello que consideramos diferente o amenazador, con independencia de los hechos, las cifras, la verdad y la razón. Gran parte de nuestra prensa lo hace de maravilla, así como la mayoría de nuestros políticos, y el inevitable efecto goteo tiene como consecuencia que, ahora, casi todos los ciudadanos también lo hacen. Como Twitter, pero en la vida real. Altercados de tráfico, delitos de arma blanca, armas de fuego, bandas criminales, epidemias de drogas, alcoholismo, una atroz desigualdad económica, racismo de todo tipo, tasas de divorcio estratosféricas, tráfico de seres humanos, trata de personas, peleas de borrachos, una inherente actitud de agresividad frente a cualquier clase de autoridad, evasión fiscal, disturbios, un continuo y gigantesco choque de egos. Esto nos ha ido rebajando hasta prácticamente convertirnos en unos salvajes con problemas con la bebida y un deseo inagotable de dar nuestra opinión sobre todo. Desde luego, esto también pasa en otras ciudades del mundo. Pero, teniendo en cuenta que mi idea del Reino Unido ya era nefasta, todo lo anterior básicamente me aclaró todavía más que estaba viviendo en un sitio infecto.

Todo esto se percibe claramente en el rostro de los habitantes, en sus muecas estiradas al máximo. Y este es solo el aspecto económico. El coste emocional es aún mayor. La explícita ausencia de calor humano, la ilegalidad de las sonrisas en el espacio público, la evidente frialdad —esa actitud esquiva que equivale a decirte «No me mires, coño» por todas partes—, la incapacidad de expresar cualquier tipo de emoción si no es a través de la violencia y de la pasivoagresividad. La hostilidad latente que amenaza con convertirse en cualquier momento en un estallido de rabia.

Mi ritmo de vida: frenético, desquiciado, sin parar nunca, siempre al borde del colapso por la tensión imperante, pero con la obligación de seguir adelante a toda prisa, a cualquier precio. La tremenda, monstruosa epidemia de estrés a todos los niveles, que te está esperando para darte los buenos días cuando te despiertas, que te fuerza a llevarla contigo, como un peso cada vez mayor, a lo largo del día.

Eso sí, entiendo la percepción que se tiene de Londres desde fuera. Los edificios resplandecientes, la ilusión de arte y cultura, la arquitectura, los museos, las luces y la energía de la ciudad. Es fácil fijarse en esto y embriagarse con la imagen superficial de una ciudad que nunca duerme. Durante unos días que salen muy caros, es un destino ideal para un turista. Es un sitio maravilloso al que ir. Pero vivir ahí es una lenta e inevitable caída hacia la locura. Una mentalidad de rebaño que, una vez que te agarra, se niega a soltarte. Todos somos zombis, dependemos de los demás para mantener la pantomima, actuar con flema británica, jugar al juego de «vive como si estuvieras siempre subiendo por unas escaleras mecánicas que van hacia abajo» mientras llevamos una mochila llena de cemento.

Quizá, si hubiera tenido un núcleo familiar fuerte, aquello habría sido llevadero. Pero no era así. Tenía a mi madre, que me ponía de los putos nervios. Mi preciosa, loca, generosa, espantosa, bella, maníaca, fuerte, frágil, sabia y neurótica madre. La mujer que no supo protegerme de los monstruos y a la que, sin embargo y de forma involuntaria, yo quería profundamente. La mujer por la que recorrería a pie mil kilómetros sin dudarlo, aunque la mitad del tiempo tenía ganas de matarla.

Hablaré más de ella después. Evidentemente. Anda que no hay cosas que decir sobre una madre...

Pero según mi experiencia, la verdad, Inglaterra era una puta mierda. Un receptáculo de toda mi rabia y mis frustraciones, por mal dirigidas que estuvieran (o no). Lo cierto es que en Inglaterra me casé y pasé por un divorcio brutal. Dos veces. Me violaron en Inglaterra (mucho más de dos veces). Me hospitalizaron, me agredieron, me medicaron, me golpearon, me atracaron y me jodieron en todos los sentidos de la palabra. Allí me desintoxiqué de las drogas. Con lo que gasté en abogados me habría podido comprar una puta casa. Lo mismo con los hospitales psiquiátricos. Nueve meses en diversos pabellones cerrados no salen baratos; hay unos cuantos psiquiatras que van por ahí paseándose en Porsche gracias a mí y a una empresa de seguros de salud muy resentida. Me partieron el corazón, me mancharon el alma, me destrozaron el cuerpo, me hicieron mil pedazos la cabeza, me vaciaron la cuenta corriente, me hundieron la moral, sacudieron mis cimientos y casi lo destruyeron todo bajo la bandera de la Gran Bretaña.

Era evidente que vivir en la que para mí era la ciudad más sucia, cara, violenta, xenófoba y mierdera en la que había estado era una forma de autolesionarme. Y si a esto le añades el Brexit, pues no se puede caer más bajo. Por un motivo u otro, quizá con un par de excepciones, no tenía ninguna relación con las personas que, en teoría, me eran más cercanas en el mundo. Incluso teniendo en cuenta lo «complicado» (imbécil) de mi personalidad, ¿cómo había pasado algo semejante? A diario aguantaba conversaciones algo desquiciadas con mi madre (en ocasiones, dos veces al día) porque habíamos estado un año sin hablarnos, cuando yo estaba en un psiquiátrico, y ella nunca se había recuperado de esa distancia forzosa. Mi papel consistía en tranquilizarla, escuchar su joyceana corriente de (in)consciencia y decir mucho «ajá». Era padre de un hijo precioso, que había nacido en el Reino Unido y al que había sostenido en brazos, con veinte segundos de vida, mientras sentía un amor inimaginable y arrasador. Y de verdad que no tenía ni puta idea de cómo era posible que mi hijo hubiera acabado viviendo en Estados Unidos, es decir, al otro lado del mundo, con una madre tan enfadada que llevaba casi una década sin hablarme; cómo había terminado yo con la devastadora imposibilidad de ejercer de padre en la práctica, a cinco mil kilómetros de distancia.

Así que me vi solo y destrozado en el Reino Unido, viviendo en un piso enano del norte de Londres, divorciado, deprimido y sin poder quitarme de encima, ni de la ropa, ni del quehacer diario, el hedor del Brexit. Estaba verdaderamente aislado, sin sentir que tenía un hogar, sin ninguna cercanía con mi familia ni relaciones íntimas, no confiaba en nada ni en nadie y estaba hasta la coronilla de luchar. Y muy solo. Solo hasta la médula. Tal como dijo Burroughs: «Estoy solo. Y estoy solo de una manera horriblemente profunda y, por un instante, puedo ver cuán solo y cuán profundo es ese sentimiento. Y me asusta a mí estar tan solo porque me parece catastrófico».

Ahí lo clavó.

Estamos en 2017. Después de tantísimos años de existencia, me caben en un párrafo las cosas valiosas de mi vida londinense. Tenía mi piano. Mi pianito vertical japonés cutre y mierdero, que valía unas trescientas libras. Tenía una colchoneta de yoga (aún en su envoltorio de plástico seis años después). Tenía un piso de treinta y cinco metros cuadrados, un sofá incómodo y demasiado pequeño, unos muebles que no pegaban unos con otros, a Matthew, mi mejor amigo, y a Denis, mi mánager. Toda mi persona podía resumirse en eso. Y bastaban por los pelos para que no me hundiera. Pero no iban a servir mucho más. Su función no era mantenerme con vida. Su función consistía en ser un complemento en mi vida, no en salvarla. La salvó otra cosa. Algo mayor y más mágico de lo que jamás habría podido imaginar. Algo que ha convertido una existencia en horas bajas, una familia ausente y un alma solitaria y deshecha en un acogedor y cálido lugar.

Ese algo se llama España.

Soy músico. Por eso, como no podía ser de otro modo, hay algunas piezas musicales desperdigadas por el libro que quiero poner a vuestra disposición para que la escuchéis en determinados momentos. Las he reunido todas aquí: bit.do/madeinspain (Spotify) o apple.co/3ixsXRO (Apple). Igual podríais añadirlas a vuestros favoritos o bajároslas al móvil. O simplemente podéis escanear el código QR que se encuentra en la solapa posterior de este libro.

Como antídoto/vacuna contra el siguiente capítulo, que habla del Reino Unido, empecemos con algo que le viene a España como anillo al dedo: una de las mejores piezas jamás creadas por un compositor español, que ocupa el primer lugar de la lista de reproducción. Es una de las primeras obras musicales de las que me enamoré de niño: el Concierto de Aranjuez *de Rodrigo. Me transportó al instante a este increíble país del modo que solo la música puede hacerlo: una banda sonora que hace las veces de alfombra mágica.*

Capítulo 4

Todo empezó en la infancia. Como siempre, ¿no? La gran excusa de culpar de todo a «lo que sufrí en la infancia». Lo que pasa es que en mi caso es más o menos verdad. Crecer en los ochenta, desde luego, fue más fácil que hacerlo en la década del 2000, del 2010 o del 2020. Era una época más sencilla y sólida. Las cosas eran menos frenéticas, más lentas, se encontraban más aisladas del terrorífico espectáculo digital que estaba por venir. Y para mí habría podido ser completamente distinta. Se vivían días de apogeo musical. En todos los géneros. En mi mundo, Queen competía con Wham! (perdón), los Rolling Stones me inspiraban tanto como Dylan y los Beatles, Vladímir Ashkenazi tocaba a Beethoven más rápido que Alfred Brendel y Glenn Gould era Dios, y esas cosas eran lo único que me importaba. Muchísimo. Solo eso. Música, música y música. Mi vida no tenía banda sonora: era una banda sonora. Porque todo lo demás era horroroso y lúgubre y una zona de guerra.

Cuando los terapeutas me piden que piense en un recuerdo feliz de la infancia, no puedo. Soy literalmente incapaz de dar con uno. Y soy muy consciente de lo (melo)dramático que suena esto. Poned los ojos en blanco todo lo que queráis, pero estoy hablando de mi cabeza, mi cerebro, mi infancia, mis recuerdos (o su ausencia), y, si os digo que no se me ocurre ni un solo momento de felicidad después de los seis años, pues es la verdad. Antes, algunos fogonazos: unas vacaciones a los cuatro años en Mallorca (en España, dónde si no), un mono en el zoo. Después, nada. Incluso unos pocos recuerdos alegres de vacaciones en la playa quedaron contrarrestados por cosas monstruosas que no deberían pasarle a ningún niño de ocho años, por mucho que después las mitiguen con alcohol.

Pero sí hay una excepción. Recuerdo tener cuatro años y medio, y estar viendo programas infantiles de televisión (en una de las tres cadenas que había), mientras cantaba y bailaba. También recuerdo, en torno a la misma edad, que ponía un vinilo de Scott Joplin para hacer lo mismo (siempre solo, nunca con testigos porque era tímido, retraído y todo me daba vergüenza), pero sí que tengo algunas memorias aisladas. Unos pocos momentos secretos de liviandad y alegría en los que flotaba solo (siempre con música), en los que sentía esa libertad que te embarga cuando bailas como si nadie te mirara. Soy afortunado de haber vivido esa alegría. Conocer ese sentimiento. Me parece que fue la manera en que mi pequeño espíritu quedó embargado por esos momentos aislados y limitados de música lo que me dio algo que no podría haber obtenido en ningún otro sitio.

Lo mismo me pasa hoy. Puedo hablar una hora con un loquero que cobra setenta euros la hora o puedo escuchar a Grigori Sokolov tocando a Chopin. Y con Chopin de pronto tengo cuatro años y no puedo ni hablar del asombro que me invade. Y me he ahorrado setenta euros.

Bailaba mucho, con esa falta de inhibición que solo muestran los niños, los tíos locos y los enfermos mentales, cantaba a grito pelado y desafinando; no me daba vergüenza. Esas son las palabras clave. No me frenaba, ni me ataba, ni me silenciaba, ni me paralizaba la culpa. Era libre. Y llevo cuarenta años sin bailar del mismo modo, desinhibido y libre.

Bueno, las cosas no empezaron mal, la verdad. Con las dificultades inevitables que surgen en cualquier familia, eso sí, pero en casa había amor, más o menos. Una rutina. Comidas familiares. Programas de televisión. Risas de vez en cuando. Snacks. Fiestas de cumpleaños. McDonald's. El zoo. Era un ambiente frío, pero no gélido. Con un grado suficiente de seguridad, de un modo confuso y algo incierto. Existía el potencial de que yo creciera y me convirtiera en algo vagamente humano. En alguien bastante decente incluso. Los ingredientes estaban ahí.

Y entonces…, bueno, pues entonces apareció ÉL.

Los que me conocéis y conocéis mi historia ya os sabéis esta parte. He hablado mucho de ella (y no por lo que podríais pensar) y se ha extendido en el dominio público hasta la náusea.

Para aquellos que no me conocéis (hola), en mi colegio había un profesor, y yo lo quería. Era un hombre bueno. Fuerte. Seguro de sí mismo. Daba clases de educación física y boxeo.

Mi colegio estaba al final de mi calle, que era algo larga; tardaba diez minutos en llegar a pie con mis piernecitas y una pesada mochila escolar.

El colegio me sacaba de quicio. Me atenazaba la timidez, odiaba que me miraran y estaba convencido de que no tenía ni un amigo. Sentía que debía hacer todo lo posible por no llamar la atención en ningún momento, aunque así nadie supiera que yo existía; para mí, ese entorno era un castigo.

Incluso antes de que empezaran las violaciones.

Por algún motivo (la genética, la lotería de la condición humana, unos padres enloquecidos, la química del cerebro, mala suerte, quién sabe), yo no tenía ni la menor idea de qué hacía en este planeta. No sabía cómo comportarme, cuáles eran las reglas. Me rodeaban personas que parecían tener el manual de instrucciones y yo volaba a ciegas, vulnerable, impresionable, con unas ganas locas de consuelo y afecto. Y esta combinación es peligrosa, porque le resulta visible a determinado tipo de persona. Aunque nadie bueno o cariñoso sea capaz de detectar lo que le está pasando a un niño así, hay ciertas personas que tienen un radar para distinguir precisamente este tipo de cosas. Ay, si viviéramos en un mundo en el que esas personas emplearan dicho radar para hacer el bien. Que te recogieran y te enseñaran cosas de verdadera ayuda. Que te explicaran que, aunque tú te sientas solo y perdido, le suele ocurrir a casi todo el mundo y que cambiará; y, mira, deja que te lo enseñe: así es como se vive y haces amigos y desayunas e interactúas y preguntas cosas y caminas cuando otros te miran y cantas delante de la gente y juegas con otros niños y te sientes seguro en presencia de adultos. Así es como montas en bici, le hablas a una chica que te gusta, expresas tus sentimientos; así es como actúas cuando te enfadas y no pasa nada de nada. Así es como expresas tus ideas y opiniones, y así es como escuchas a alguien. Esto es lo que se hace cuando cometemos un fallo, nos preocupamos, tenemos pesadillas, sentimos nostalgia, queremos pedir algo pero nos sentimos muy tontos. Así es como identificamos qué necesitamos y así lo expresamos. Así es como decimos «no».

Pero aquel tío no era así. Vio a un niño maleable. Un niño de plastilina. Muy influenciable. Impresionable hasta tal punto que hoy se me parte el corazón. Vio a un niño de una fragilidad tan irresistible, tan de porcelana, que podía, si quería, hacerlo añicos con una simple mirada.

Y pensó: «Lo voy a hacer mío».

Y eso hizo.

Disfrutó de la persecución. De ir forjando una relación, flirteando, animándome, poco a poco, consiguiendo gradualmente que confiara, que sintiera el titilar de algo nuevo y osado y precioso en mi interior, que sintiera cómo el calor de algo nuevo y gratificante y apenas creíble crecía y se extendía dentro de mí, en un lugar hasta entonces intacto. Hablamos de una relación pre-Tinder, cuando las personas se cortejaban de verdad (buscadlo en Google), en vez de pulsar un botón y follar en un cuarto de baño al cabo de siete minutos; y lo que hubo entre nosotros fue un cortejo. Pensándolo ahora, aquello tuvo un toque romántico. Si yo hubiera tenido treinta años más y él no hubiera sido mi profesor de gimnasia.

Pero tenía casi seis años y él era un gigante y yo me limité a sonreír como un idiota, sin poder creerme que le importara una puta mierda a alguien, por una vez en la vida, y él llevó a cabo el truco mágico de conseguir que todos mis sentimientos de soledad, de torpeza, de vergüenza, de estar desubicado en el mundo se evaporaran cuando me miraba. Cuando quedaba atrapado en su mirada, me parecía ser el único niño del mundo. Además, me daba regalos muy chulos. Regalos secretos. La cosa es que había un vínculo entre nosotros.

Ya podéis imaginar lo que pasó después. Lo que pasó año tras año tras año, hasta que cumplí los diez y me cambié de colegio. Leemos cosas así (o evitamos leerlas) todos los días en todos los periódicos de todos los países del globo. Mi mundo cambió para siempre. Y, al mismo tiempo, lo hizo mi capacidad de sentirme a salvo, auténtico, bueno, pleno. Ese hombre robó, cogió, hurtó, agarró y destrozó una parte de mí que era fundamental y esencial, y, casi cuatro décadas después, os puedo decir a ciencia cierta que también insustituible. ¿Cómo sustituyes un elemento interno que la naturaleza ha puesto ahí, antes de la concepción, por algo del exterior? No estamos hablando de una prótesis de cadera. Las prótesis de alma no existen. Y el problema es que, a esa edad, cuando el cerebro todavía es plástico, las neuronas y las sinapsis y la sopa química de la mente aún se están formando y decidiendo quién vas a ser y cómo; si lanzas en ese interior una granada de mano con la forma de una polla enorme, causa daños permanentes.

Eso fue lo que pasó. Aquel niñito solitario, tímido pero por lo general dulce y puro se convirtió, casi de un día para otro, en un robot sexual preadolescente, manipulador, suspicaz, promiscuo, sucio, bastante putilla, aterrado. La descripción perfecta de lo que es pasar de Guatemala a Guatepeor. ¿Sabéis cuando tienes un día malo, pero que muy malo y piensas: «Me cago en todo, pero bueno, al menos la cosa no puede ir a peor», y entonces, además de todo lo que te ha pasado, y al mismo tiempo, de repente, en cuarenta y ocho horas, se te muere un ser querido…, te llega una tremenda e inesperada reclamación de impuestos, se te estropea el coche, te entran ladrones en casa, te partes un brazo y la vida te propina un hostión descomunal y hace que te empieces a dar cuenta de que eres la víctima de un enorme chiste cósmico? Pues eso. Pero con mi vida entera, que ya era un puñetazo en la cara que me había dejado noqueado; y alguien desde el puente de mando, en plan supermajo, decidió atropellarme por si acaso. Y luego prenderme fuego. Solo por estar seguro, pero seguro del todo, de que no iba a fallar.

Pues por no extenderme más, hice lo que pude por sobreponerme al destrozo y seguir avanzando en la vida con cierto grado de dignidad y decencia. Y, por supuesto, fracasé estrepitosamente. Avanzaba por la oscuridad alumbrando el camino solo a fuerza de intuición y, bueno, pues intuición no tenía. Aquello era un poco como ver una escena de carretera en una peli. Ves al tío conduciendo y no te planteas lo que está haciendo. Solo después, en el documental extra con el *making of*, la cámara retrocede y distingues el coche subido en la parte de atrás de un remolque, que va conduciendo otra persona completamente distinta. Pues yo era el tío que hacía como que conducía, y mi subconsciente, pobre de mí, era el que llevaba el remolque. Con la particularidad de que mi subconsciente era un malvado hijo de puta, cegado por el trauma y, en consecuencia, solo por joder y por partirse la caja, iba conduciendo borracho por patios de recreo de escuelas primarias e iglesias llenas de gente y relaciones y lugares de trabajo, sin que le importara lo más mínimo la destrucción que iba causando.

Exploré, he de decir que con deleite, todo el espectro de los narcóticos, las borracheras matutinas, las autolesiones, la promiscuidad (no fue hasta pasados los cuarenta cuando un terapeuta me dijo que los niños de once años no pueden ser promiscuos y que el hecho de que me follasen varios hombres a esa edad no era algo que yo hubiera elegido, que era abuso sexual, un delito del que yo era víctima. Sigo sin creérmelo del todo), el robo, las mentiras, las trampas: utilizaba cualquier cosa, lo que fuera, para ahogar lo poco que quedaba de mi yo consciente. Y, con diecinueve años, acabé por primera vez en un hospital psiquiátrico.

Capítulo 5

Fue ahí donde dejé de beber y de drogarme. 1995. Un año estupendo (hace poco celebré que llevo veinticinco años sin probar una gota de alcohol, así que hubo algo que sí duró). Por desgracia, el alcohol y las drogas eran lo único que, por los pelos, lograba que no me desmoronase, y quitarlos del panorama solo sirvió para abrir la caja de Pandora, de la que salió un nivel de locura por completo inédito. A continuación llegó un inicio felizmente inconsciente e irreflexivo de la edad adulta. Comenzó con una licenciatura en Psicología (menuda ironía), después conseguí un trabajo en la industria financiera de la City (menudo horror), me casé con veintiséis años (¿en serio?), fui padre a los veintisiete (bueno, lo dejo ya), vinieron unos años de dolor inimaginable, tapado por la vida menos auténtica posible (aunque esto es lo que hace la gente, ¡lo he visto en la tele!), y, finalmente, intentos de suicidio, encierros involuntarios en varios hospitales psiquiátricos, más intentos de suicidio, huidas, capturas, policía, una fuga del país (incluso en medio de mi locura supe cómo largarme de la puta Inglaterra), un regreso (qué gilipollas), un divorcio (caro), la pérdida de contacto con mi hijo (un trauma peor que todo lo vivido anteriormente), la bancarrota moral, económica y espiritual y, al final, un involuntario volver a empezar de cero.

Un día tuve la sensación de que recobraba la consciencia y me di cuenta de que, sin saber yo cómo, el universo le había dado a las teclas Control-Alt-Supr de mi puta vida, y de repente me veía solo, arruinado y de alquiler en un apartamento situado en un semisótano de mierda.

Si esto fuera una película, ahora vendría ese nuevo comienzo que yo tantísimo anhelaba. Habría aprendido la lección, a lo mejor me habría enamorado de un ángel y habría hallado la redención. Habría mejorado como persona y habría emprendido un nuevo camino. La verdad es que más o menos esa era mi intención. Porque, vamos a ver, ¿cuántas cagadas podemos permitirnos como seres humanos antes de agotar nuestra suerte y acabar muertos o en la cárcel? Ya estaba tentando mucho a la suerte y, si no me ponía a cambiar las cosas en ese momento, sinceramente no sabía cuántas vidas me quedaban.

Pero bueno. Me gustan los retos. Eso ha quedado claro.

Así que volví a las andadas. Y, aunque ya había un exceso de locura en mi vida (una nueva relación después del divorcio, que supondría una lenta y dolorosa forma de suicidio bastante clara, desórdenes alimentarios, voces en la cabeza, disociación nivel experto, utilización de cuchillas para cortarme centímetros de carne a diario), la única, gran, gigantesca, enorme y trascendental diferencia era que en ese pequeño piso tenía un piano. Después de la locura de los años anteriores, después de no haber rozado un piano en años, desde que un tremendo colapso mental y más hospitales interrumpieran un importante comienzo con un profesor increíble (un profesor maravilloso, genial y brutal que estaba en Italia, al que iba a ver todos los meses para recibir cuatro días de clases de piano, en plan militar), al fin podía construirme un pequeño espacio solo con notas musicales, el silencio que separaba esas notas y cientos y cientos de partituras, en cada una de las cuales se hallaban las respuestas a preguntas cuya existencia yo ni siquiera conocía.

¿Recordáis mi yo de cuatro años, el que bailaba y cantaba? Para mí sentarme al piano era lo más parecido a esa sensación.

La música arregla lo que las palabras no pueden. Siempre ha sido así en mi caso. De niño, el descubrimiento de Bach, Bowie, Queen, Vladímir Hórowitz me cambió la vida, literalmente. Esas figuras me dieron algo en que creer: la música demostraba que había algo bueno en un mundo que era, en todos los aspectos, pura maldad. Una mota de luz que servía de salvavidas. Siempre ha cumplido ese papel en mi vida. Y tres décadas más tarde, aunque no tenía dinero, pese a que se habían llevado a mi hijo sin discusión ni permiso y a que me hallaba inmerso en un mundo de dolor físico y emocional, tenía un piano. Me sentía como una persona que cumple cadena

43

perpetua en la cárcel, sin posibilidad de que le concedan la condicional, pero con acceso a un ajedrez o a las obras completas de Shakespeare o a todas las sinfonías de Beethoven en un iPod.

En un mundo oscuro, si tienes mucha suerte, a veces se te concede por pura gracia un acceso a lo único que te alivia. Y me entregué a ello con una gratitud verdaderamente asombrosa.

A partir de 2010, con treinta y cinco años (extraordinariamente tarde para un concertista de piano profesional), empecé a dar conciertos y a grabar discos. De pequeño, una de mis vías de escape menos nocivas consistía en tumbarme en la cama a escuchar los CD de grandes pianistas mientras fingía que era yo quien tocaba. Pasaba horas muy felices evadido, recibiendo los aplausos metálicos que salían de los altavoces, haciendo como que era yo quien saludaba en el escenario. En ese momento empecé a hacer lo mismo, pero en silencio. Me quedaba tumbado en la cama y repasaba mentalmente las partituras, tocaba en mi cabeza mis próximos conciertos, pulsaba y pulía y analizaba y diseccionaba y estudiaba todas y cada una de las notas de conciertos con cien mil de ellas.

La música rompe el continuo del espacio-tiempo. Incluso en Londres, angustiado y solo, la música me transportaba a una isla paradisíaca en la que nada importaba. Me mantenía a flote cuando, de no haber sido por ella, seguro que me habría ahogado.

Junto a mi mánager Denis —a quien había conocido en una cafetería y que, bendito sea, accedió a representarme, financiar mi primer disco y organizar conciertos—, empezaba a tomar cuerpo algo que apenas me había atrevido a soñar. A pesar de no haber tenido una educación formal de verdad, de no haber ido al conservatorio, de no haber vivido una infancia llena de escalas y arpegios y prácticas rutinarias, mi improbable y tardía carrera de concertista de piano comenzaba a emerger. De forma lenta pero segura, como si avanzara por arenas movedizas, esos sueños y fantasías y deseos y oraciones de un niño triste, solo, perdido se habían fundido en el éter y después se habían posado en la Tierra, donde la realidad empezó a obedecer a su voluntad. Aquello casi bastaba para hacerte creer en lo bueno.

Entre el piano y yo había una relación de iguales, un matrimonio basado en el amor incondicional, y era el hecho central de mi vida. Y, al tiempo que las cosas empezaron a crecer y desarrollarse en mi carrera, lo mismo pasó con mis mundos interiores. Comencé a procesar las cosas con mayor profundidad, inicié la transición que iba de las ganas de morirme y la necesidad de hacerme daño a querer cobrar fuerza y, muy lentamente, salir de todo con la posibilidad de una buena vida. Aunque solo fuera para poder tocar mejor a Brahms o compartir una sonata de Beethoven con la gente.

Los años siguientes fueron una mezcla de cosas buenas y malas. Cada vez daba más conciertos, todos los días me esforzaba por mejorar y alcanzar el nivel más alto posible. Mi antiguo profesor de

Italia habría estado orgulloso: horas infinitas de práctica lenta, metódica. Los dedos se volvían más fuertes y seguros sobre las teclas, el sonido que salía cada vez era más rotundo, resonante y hondo. Se lanzó mi primer disco y vinieron otros. Parecía que todo progresaba bien, al menos en lo profesional.

En lo personal, sin embargo, todo era una puta mierda. Mi hijo se había ido, en mi opinión, al país más feo del mundo. Me lo habían quitado sin previo aviso, solo con la petición de una cantidad de dinero para que no se marchara del Reino Unido, tan desorbitada que resultaba inconcebible. A estas alturas yo no tenía nada. Apenas lo justo para pagar el alquiler, y no me daba vergüenza pedirles a mis amigos préstamos y apoyo económico.

Mi nueva relación sentimental era una montaña rusa de altibajos. Un baile permanente, por lo visto irremediable, de amor y odio, dolor y agotamiento. Pero yo seguía avanzando a duras penas. Damos por supuesta nuestra resiliencia colectiva como seres humanos en exceso. La recompensamos, reconocemos y apreciamos muy poco. Hay días en que simplemente vestirse y sobrevivir hasta la hora de irse a la cama constituye un acto heroico. Pero a nadie le importa. Nadie te dice: «Tío, ¡has llegado al final del día sin suicidarte! ¡Enhorabuena, colega!». Estamos todos pendientes de nuestros dramas singulares y peculiares. Enfrascados en los programas de telerrealidad que son nuestras respectivas vidas.

Las cosas no empezaron a cambiar de verdad hasta que escribí mi primer libro. Por entonces me pareció muy simple. Me pidieron que lo hiciera, pensé que no era mala idea, que en realidad podía ser bastante divertido: explicaría cómo había sido mi vida, hablaría de música, de la paternidad, de la oscuridad de mi pasado (lo que incluía, por primera vez, que yo hablara de las violaciones y de sus secuelas) y del brillo esperanzado de mi futuro. Pero aquello salió mal, fatal.

Mi novia de entonces, fuera de sí debido a lo que a mí me parecía que eran celos hacia mi primera mujer, pareció transformarse en una acosadora rubia que aspiraba a que yo convirtiese el libro en una carta de amor a ella y solo a ella. Me daba la impresión de que me decía que debía dejar muy claro que mi primer matrimonio había sido todo lo falso que una pareja puede llegar a ser, y que a ella la presentase bajo una luz mágica, mística, de cuento de hadas, como una persona mejor que todas las que habían aparecido antes. Y, claro, lo hice. Porque me da muchísimo miedo que los demás se enfaden conmigo. Siempre tan dispuesto a agradar, a tranquilizar, a solucionar las cosas. Tan dispuesto a asumir que he hecho algo mal y a hacer todo lo posible por arreglarlo.

Después, le filtraron de forma anónima el primer borrador del libro a mi primera mujer (digo de forma anónima aunque en realidad fue una persona de una editorial estadounidense que preparaba una oferta por el libro; mi exmujer era escritora y resultó que sus libros los publicaba la misma editorial; uno de sus editores, que estaba leyendo *Instrumental*, la reconoció a partir de lo que yo había escrito y le mandó una copia). Tras esto, sin ninguna discusión, ni llamadas, ni avisos, me llegó un único correo electrónico en el que se me exigía que retirase completamente el libro de la circulación; a continuación, un torrente inmediato de cartas de abogados, amenazas y pánico. Por lo visto, según mi exmujer, el libro era un intento directo y consciente de hacerle daño a mi hijo; incluso, según ciertos expertos que ella había contratado y pagado, de matarlo. Sus letrados aseguraron que yo quería quitarle la vida a mi propio hijo. En palabras de otro de sus «expertos», yo «estaba transmitiéndole, de un modo muy real», mi violación a mi hijo. Por escribir un libro. Su extraño y desquiciado argumento era que, si el chico llegaba a leer algo referido a mis abusos del pasado, sufriría un daño psicológico irreparable. Y, aún peor, que yo lo sabía y quería que pasara. Aquello no solo era una locura. Era un puto delirio. Todo aquel que leyera el libro lo consideraría una carta de amor a mi hijo, a la música. Además: a ver cuántos adolescentes se van a leer la biografía de un concertista de piano en la que habla de Bach. ¿No sería más sano explicarle, con palabras propias de su edad, que me habían sucedido cosas en el pasado, que había buscado ayuda y que ahora me iba mejor y que, cuando él fuera adulto, si quería leer el libro y preguntarme algo al respecto, no había ningún problema? En cambio, mi ex abordó el tema en plan mazazo: negar mi pasado, hacer como que no había existido. Mandarme callar.

A mis editores y a mí nos pusieron una demanda conjunta. Para mi inmenso orgullo, se negaron a ceder y a retirar el libro; declararon que la libertad de expresión era sacrosanta. Entonces, mi exmujer inició el proceso en el Reino Unido (porque, aunque vivían en Estados Unidos, allí el caso no llegaría a los tribunales debido a la primera enmienda) y comenzó una batalla legal de dieciocho meses que acabaría costando casi dos millones de libras y que casi me mata. Una batalla que dio lugar a que el libro estuviese prohibido seis meses y retrasado un año, y que también me impuso una orden de silencio en función de la cual no podía hablar, escribir ni comentar en ningún medio, en ninguna parte del mundo, prácticamente ningún aspecto de mi pasado sin acabar en la cárcel.

Todo se mantuvo en secreto y se produjeron amenazas constantes de prisión si tan siquiera sugería lo que me estaba ocurriendo. El paralelismo entre lo que había padecido a los seis años, cuando mi violador profesor de gimnasia me ordenó: «No cuentes nada de esto; no digas ni una palabra…», y el momento en que, con cuarenta, me ordenaron, en fin: «No cuentes nada de esto; no digas ni una palabra» fue devastador.

Mientras ocurría todo lo anterior (en el tribunal superior, el de apelación y, finalmente, la Corte Suprema), yo seguía haciendo giras, dando conciertos, procurando ganar dinero, tratando de sobrellevar la insoportable presión que el tremendo follón legal ejercía sobre mi relación de pareja. No dormía, mi sistema nervioso estaba completamente desquiciado. Fueron dieciocho meses de infierno.

Pero ganamos. Junto a la pírrica victoria, desarrollé un odio hacia los abogados que a día de hoy sigue instalado en mí a nivel celular. Cada llamada, cada correo electrónico, cada carta costaba cientos de libras; no había razonamientos ni compasión, aquello no era más que una máquina de ganar dinero, pensada para enriquecer al máximo a los letrados involucrados y para causar el mayor quebranto y estrés posibles. Funcionó.

Ni siquiera cuando ganamos y el libro se pudo publicar tuve sensación de júbilo. Ni de alivio. Toda la situación me había destrozado. Mi ex, engañándose a sí misma, creyó que había obtenido una especie de victoria moral y que yo solo lo había conseguido gracias a un tecnicismo. Mi relación de aquel momento estaba en las últimas por culpa de la presión del caso y de nuestros respectivos problemas personales. Y, de nuevo, todo aquello estaba relacionado con ese puto país, Inglaterra. En el Reino Unido, el sistema está pensado para que cualquiera pueda contratar a unos abogados e iniciar un pleito, por mucho que los motivos sean una puta gilipollez. Los trajes ridículos, las pelucas, el lenguaje, el precio, la anticuada y formal mamarrachez de todo ese entorno.

Después, a mediados de 2016, ganó el Brexit y se me hizo más que obvio que el país ya no tenía arreglo. Los políticos mentían a un nivel nunca visto, la política del miedo alcanzaba cotas insospechadas. Autobuses con anuncios gigantes en los que se proclamaba lo mucho que la UE le costaba a nuestro país, que podíamos salvar el Sistema Nacional de Salud si salíamos de Europa (una mentira absoluta); la mitad de la población, bueno, más de la mitad, decidió que la xenofobia y el racismo son formas de avanzar y que votar para salir de la UE era una idea buenísima. La rabia latente, la hostilidad, el dolor enterrado, las mentiras, los engaños, el recurso al miedo llegaron a un sucio y turbio punto de ebullición.

Nunca entenderé qué pasó con el Brexit. Nunca experimentaré sino una abrumadora sensación de vergüenza e incredulidad ante el hecho de que tantas docenas de millones de personas decidieran que cerrarles la puerta a los inmigrantes, separarse de Europa y hacer las cosas solos era una idea estupenda. No me puede dar más asco la mentalidad de un pueblo que quiere quedárselo todo, darles por culo a los demás y «poner a Gran Bretaña primero». La absoluta ignorancia de quienes votaron a favor pero luego, cuando se les preguntaba por qué, respondían algo así como que «hay que salvar la sanidad pública», o «en el Reino Unido vamos a ser mucho más ricos sin Europa», o «bajarán los delitos porque los inmigrantes tendrán que irse». Todo falso. Y una puta gilipollez. Todo ello únicamente basado en lo leído en webs y en la prensa de la derecha alternativa, y en las charlas en el pub con el colega Dave, que una vez conoció a un rumano y le pareció «algo sospechoso».

Mi país natal ya era un espectáculo de los horrores. Para mí lo había sido desde los seis años. En él persistían, de una forma lúgubre e incesante, los abusos, el alcoholismo, la drogadicción, las disfunciones familiares, los centros de rehabilitación, los hospitales psiquiátricos, los divorcios, las batallas legales, los atracos, la violencia, el alto coste de vida y, ahora, una dosis de xenofobia de la que Mussolini habría estado orgulloso. Si a esto le añadimos los horribles episodios de abuso infantil de Jimmy Savile y Rotherham, entonces...

Me daba la impresión de que cada día alcanzaba nuevos niveles de incredulidad y repugnancia ante la realidad de la vida en el Reino Unido. Y comprendía que lo único «unido» en él era el odio y el agotamiento. Ni siquiera el piano ayudaba: los conciertos que daba allí los hacía con el piloto automático. Intentaba sobrevivir, nada más. Salía al escenario tras haber estado tres días sin dormir, con tics en la cara, mientras la adrenalina hacía que mi cuerpo zumbase y vibrase como un diapasón humano, y me esforzaba por no desmayarme en pleno concierto. Tenía la sensación de ir todo el rato colocado, de estar caminando con botas de plomo.

No tardé en llegar a un punto en el que tenía que hacer algo, lo que fuera, para impedirme renunciar del todo a la vida. Faltaba poco. Estaba demasiado cansado para seguir viviendo y empecé a pensar todos los días en formas de acabar con mi vida. No veía escapatoria y me parecía que todo estaba en mi contra. Cuando el tío que me violó me espetó que, si llegaba a hablar de mi pasado, me ocurrirían cosas horribles, resultó que había acertado. Había hablado de mi pasado. Había escrito un libro sobre él. Como consecuencia de eso, habían pasado cosas espantosas. Que su amenaza se hubiera cumplido era algo tan inconcebible, tan aterrador, una confirmación tan inmensa de mis peores creencias interiores, de las más oscuras y pavorosas, que no sabía cómo sobrevivir a aquello.

Capítulo 6

Es raro que pensemos tan pocas veces en las fuerzas que operan a nuestro alrededor y de las que no sabemos nada. No cuesta imaginarse lo malo: lo vemos a diario. Pero estoy convencido (Dios, por favor, que no me equivoque) de que también interviene una energía más ligera, amable, alegre, que hace malabares con las cosas y que aspira a mejorar nuestra situación vital. Porque resultó que, al mismo tiempo que toda la mierda, estaba pasando algo que sería mi salvación. Sucedió lenta y sutilmente, sin que tuviera plena conciencia de ello.

Todo empezó cuando me empezaron a llegar ofertas para tocar en España.

El primer concierto fue en abril de 2016. En Gijón. El libro al fin se había publicado en España (tras un retraso de un año por culpa del conflicto legal; en la querella inicial se habían prohibido hasta las versiones en otros idiomas) y, por algún motivo inexplicable, se estaba vendiendo bien. Cuando digo bien, es muy bien. La editorial, Blackie Books, había encontrado a un traductor increíble y habían diseñado una portada que es, a día de hoy, la más bonita que he visto en mi vida. Consiguieron frases extraordinarias de escritores y periodistas para ponerlas en la faja, y el libro tuvo un éxito inesperado.

Después de la reacción fría, violenta, costosa y agresiva en el Reino Unido, aquello me pareció algo completamente nuevo. Me llegaban una calidez y una bienvenida completamente inesperadas de un país del que sabía poco, aunque lo veía como un sitio exótico y tranquilo. Había estado muchas veces en Mallorca de niño, en las vacaciones de verano, pero no conocía el país para nada, no sabía ni una palabra del idioma y los únicos españoles que me sonaban eran Juan Mata, Julio Iglesias, Picasso, Pau Casals, Alicia de Larrocha y Jordi Savall. Pero entonces fui a Gijón y me voló la cabeza.

El concierto se celebraba dentro del festival Gijón Sound y se había organizado en un templo: la iglesia de la Laboral. Pero el término «iglesia» no representa bien el impacto que produce ese espacio. Un enorme edificio gótico, techos altísimos, un flamante Steinway colocado en medio de la nave y rodeado de sillas, cristaleras inmensas, el sonido de Chopin resonando en las paredes, la lluvia cayendo en la cubierta. Para entonces ya había dado muchos conciertos en el Reino Unido, algunos de ellos en salas famosas, muchos con las entradas agotadas. Pero nada era comparable a aquello. El ambiente, la energía, la absoluta falta de petulancia entre el público, la calidez, el cariño y la belleza de aquella experiencia. La acústica era increíble. Nunca había oído hablar de Gijón y menos aún sabía cómo pronunciar el nombre (para mí, con un sonido como el que haría un burro si tuviera hipo) y, sin embargo, me sentí como en casa. De una forma total y absoluta. En vez de notarme expuesto en el escenario, juzgado, mal recibido, como un impostor, me sentí vivo. Reconocido. Sentí que yo contaba.

Bueno, soy una persona muy superficial. Lo admito encantado. Una parte de mí recibe la poca autoestima que tengo del amor de los demás. Soy muy consciente de lo emocionalmente inmaduro y lo peligroso que es eso. Pero así son las cosas. Y para mí era extraordinario que la gente leyese mi libro (en sustancia, una obra sobre la violación infantil y la música clásica, no lo último de Juan Gómez-Jurado) y que reaccionara con amor.

En Inglaterra hay mucho esnobismo en el ambiente de la música clásica. Y mucho resentimiento contra todos. Yo lo percibía cada vez que tocaba allí. También, como creo que ya he dejado claro, te da la impresión general de que todo el rato te están diciendo: «Vete a la mierda». Pues bien, lo que me pasó en Gijón fue justo lo contrario. Encontré una amplitud de miras, una transparencia y una sensación de bondad de una absoluta belleza. Después firmé docenas de libros, conocí a personas que fueron sin excepción muy cariñosas conmigo y noté en primera persona la diferencia, tan real, que hay entre una cultura que existe a base de torpes apretones de manos y otra que valora los abrazos de verdad.

Y después salí a cenar.

Por favor, no olvidéis que había estado subsistiendo a base de comida inglesa desde que tenía uso de memoria: filetes duros, marisco congelado, pan de plástico, todo prohibitivamente caro. Y de repente estoy en un pequeño restaurante con mi mánager y nos traen unas gambas que habían pescado esa mañana y que eran del tamaño del brazo de un bebé, seguidas de un plato de carne que no se parecía a nada que hubiera probado hasta entonces. Todo por menos de treinta euros. Sentí que había espacio a mi alrededor. Que el aire era más fresco, más liviano. Que todo era más tranquilo. Me parecía estar en un proceso de descompresión solo al respirar un aire distinto.

Y qué amable era la gente.

En su mayor parte, la prensa escribió unas críticas preciosas. Un periódico publicó el romántico titular de «Bach bajo la lluvia» y sacó una página entera de cosas muy bonitas, que terminaban con una frase en la que se afirmaba que aquello había sido una de las sorpresas más gratas del festival.

Cuando volví a mi casa de Londres me sentía como nuevo. Aún no lo sabía, pero acababa de atisbar algo que me iba a llevar a tomar la mayor decisión de mi vida. Le pedí a Denis que intentara conseguirme el mayor número posible de conciertos en España. A los dos nos dejó pasmados el éxito del viaje a Gijón y coincidimos en que era más que evidente que debíamos centrarnos en España por encima de cualquier otro sitio. Porque, vamos a ver, menudo país por el que viajar y en el que promover una carrera, ¿no? También le pedí a mi editor que organizara todas las firmas de libros y entrevistas que fueran posibles en Madrid o Barcelona. Me iba a centrar en España. El Reino Unido que se fuera a tomar por saco. Quería acercarme a la luz.

Lo que siguió fue un año de lo más increíble y lleno de aventuras. Tenía la sensación de estar poniéndole los cuernos a mi aburrida Inglaterra con una nueva amante verdaderamente asombrosa. Me escapaba a Barcelona, San Sebastián, Málaga, Madrid, Bilbao; exploraba, tocaba, comía, dormía, paseaba y cargaba las pilas. Después volvía inspirado a Londres, donde me reencontraba con un tiempo de mierda y un dolor de cabeza permanente. La cantidad de viajes empezaba a ser exagerada. Recuerdo que di un concierto en Murcia un jueves, en Madrid el sábado, en Londres el lunes y, a continuación, en Buenos Aires, Medellín, Bogotá y Querétaro a lo largo de la semana siguiente, para después ir a Nueva York, tocar en Brooklyn y volver un día a Londres, antes de regresar a Madrid.

Aquello era aterrador y agotador, pero a la vez me embriagaba. Porque mientras me pasaba, mientras viajaba tanto y visitaba tantos países, no pude evitar cuestionarme qué significaba de verdad un hogar para mí. ¿Se trataba simplemente de algo determinado en función de dónde te concebían y te educaban? ¿O podía ser, y ojalá que así fuera, un sitio que elegías de forma consciente? Un sitio en el que te sentías cómodo. A salvo. Donde te sentías…, pues como en casa. Porque eso era lo que había percibido en todos y cada uno de los viajes a España. Cada aterrizaje en El Prat, Barajas, A Coruña o Málaga me permitía liberar toda la tensión que había estado acumulando, y cada despegue me volvía a sumir en una sensación de parálisis, de estar atrapado, de desconsuelo. Sabía, porque lo sabía, que si pudiera apretar un botón mágico y empezar de cero, lo haría todo en España sin dudarlo ni un instante.

España se convirtió en mi principal tema de conversación. No hacía más que hablar del país, se lo mencionaba a mi loquero, mataba a mis amigos de aburrimiento al enseñarles fotos. Cuanto más deseaba tener ese botón mágico, más fantaseaba con la idea de despertarme en prácticamente cualquier calle del país; cuanto más me preguntaba cómo me sentiría si me quedaba en España para siempre, más empoderado estaba para hacer algo al respecto.

En Inglaterra, más o menos, tenía una vida. Pero hecha pedazos. Había demasiados recuerdos espantosos y no muchos vínculos. ¿Podía alguien como yo siquiera plantearse la idea de trasladarse a un lugar en el que no tenía amigos y cuyo idioma desconocía, a partir de poco más que la abrumadora sensación de «es lo que más me conviene y el mejor sitio del mundo»?

Ya sabéis todos cuál es la respuesta.

Empecé a hacer planes para mudarme de país. Porque me daba la impresión de que había vivido diez vidas en el Reino Unido, y todas y cada una de ellas habían sido una mierda. Era el momento de darme otra oportunidad. Un renacimiento.

AMOR
Capítulo 7

Me parecía que España era la respuesta a todos los problemas que tenía en el Reino Unido porque era, en muchísimos sentidos, justo lo contrario del Reino Unido. Todo funcionaba con una suavidad que no existe en Brexitlandia. Había estado en el país en torno a una docena de veces entre 2016 y principios de 2017, y me parecía un lugar más amplio, en todos los aspectos, que aquello a lo que estaba acostumbrado. El ritmo de vida era infinitamente más gestionable y amable. La gente no tenía la sonrisa forzada de los aturdidos y los enfadados. El tiempo era... pues mejor. Hasta la lluvia era romántica, no ese gris diluvio de mierda al que estaba habituado. La comida, algo que hasta entonces yo solo había considerado combustible, algo que no me interesaba mucho, adquiría un significado completamente nuevo cuando estaba en España. Por primera vez en mi vida, las cenas me hacían ilusión. Me asombraba lo que se podía hacer con aceite de oliva, jamón, tomates y pan. Me quedaba de verdad sin habla ante la cantidad, variedad y originalidad de los sabores disponibles. Por favor, tratad de no juzgarme con demasiada dureza. Sé que esto os parecerá de lo más obvio, de lo más vulgar, de lo más... normal. Para mí, en cambio, fue un enorme descubrimiento geográfico. Jamás había experimentado nada semejante.

En mayo de 2016 fui a San Sebastián por trabajo. No hay un lugar mejor para empezar a conocer la comida que San Sebastián. En todo el mundo. Es un gigantesco museo vivo de comida que te cambia la vida. Todos los bares de todas las calles tienen montañas de *pintxos* en platos dispuestos en una larga barra. Cada uno de ellos es una explosión de color, sabor, textura y deleite. No te sientas a una mesa, esperas a que un camarero antipático te tome nota y, treinta minutos después, te ponga delante y de cualquier manera un plato con algo inidentificable. Vas cogiendo sin más lo que te apetece y pagas al terminar. Y no olvidéis (esto es muy muy importante) que no estamos hablando de la cena, sino de algo mucho más ingenioso, mucho más útil, algo que me pareció que daba muchísimas ganas de vivir: un truco de supervivencia español que lo mejora todo. Estamos hablando del tentempié.

Para mí, un tentempié era una bolsa de patatas fritas o un KitKat. Siempre había sido así, incluso de niño. ¿Estás a punto de desmayarte a las cuatro de la tarde? Chútate algo de azúcar. Corre al quiosco y pilla una barra de Snickers o una bolsa de patatas Walkers Salt'n Vinegar. Intentad hacerlo en España y veréis que resulta sencillamente imposible sin mucho esfuerzo, mucha humillación y mucho gasto. También veréis que nadie más lo hace. Porque, joder, es que España ha clavado el concepto del tentempié. Resulta que lo de comer lo he hecho mal toda la vida. No solo me sentí como un imbécil al descubrirlo, sino que también lamenté un montón haber desperdiciado tanto tiempo y tanta energía metiéndome mierda en el cuerpo. Porque lo que descubrí en la tierra del Quijote fue una forma de comer que mejora la vida exponencialmente.

En Londres se come mal y pronto. Al menos en mi caso. Un cuenco de cereales baratos y muy azucarados sobre las once, un dudoso sándwich no se sabe muy bien de qué a las doce o la una, por cinco libras, y luego algo rápido y fácil sobre las siete para cenar. Normalmente preparado en un microondas.

En España lo hacen de forma un pelín distinta.

En Madrid descubrí el concepto de la merienda: un refrigerio, pero a nivel profesional. Es verdad que a veces tomamos el té de las cinco en el Reino Unido, pero por regla general solo lo hacen los muy ricos o los que están en el paro con un poco de tiempo libre (ni siquiera yo soy tan tonto para no saber que una taza de té en cinco minutos y una galleta barata en la sala de descanso del trabajo no cuenta como merienda).

Lo que me irritó un poco es que nadie me hubiera contado esto hasta pasados los cuarenta, cuando lo descubrí, por puro azar, en Twitter. Pocos meses después de mi traslado a Madrid, estaba solo en casa y, de manera vergonzosa para estar en España, cenando a las siete de la tarde. Porque tenía hambre. Un hambre que te cagas. Llevaba sin comer desde las doce y media, había estado tocando el piano toda la tarde y mi nivel de azúcar en la sangre era tan bajo que me incitaba a la violencia. *Hangry*, como decimos en inglés. Así que pregunté en Twitter, azorado, cómo coño os las apañáis para aguantar aquí hasta las nueve y media, antes de cenar, y entonces apareció, envuelta en un océano de resplandecientes y brillantes píxeles, aquella belleza, aquel efervescente, luminoso y milagroso aluvión de información sobre la merienda, la merienda-cena (pero ¿qué mierda es esto?), las tapas, los tentempiés, todo un mundo nuevo de consejos que preservan la cordura, la vida y las relaciones. No estamos hablando de comida basura. No es algo que fabrique un conglomerado gigante de comida rápida ni que esté pensado para que acabes diabético. Fruta fresca, carbohidratos buenos, atún blanco, tortillas, aceitunas, jamón creado por Dios en persona...

Y, de pronto, todo empezó a cobrar mayor sentido. Me despertaba y desayunaba como siempre. Normalmente, me habría sentado al piano tres o cuatro horas y después, casi desmayado del hambre, me habría abalanzado sobre lo que hubiera en la nevera, alrededor de las doce y media. Pero ya no.

Porque ahora conozco (golpe de genio número uno) la merienda de la mañana. Me obligo a desayunar cuando me despierto, sobre las ocho y media.

En torno a las once u once y media es el momento de picar algo. Pan con tomate y jamón, yogur y fruta o unas tortitas de arroz. Esto me impide volverme loco y me da energía suficiente para seguir practicando hasta las dos, más o menos, y entonces llega la comida.

Un poco después (golpe de genio número dos), la merienda de la tarde (resulta que, como un don que nunca se agota, hay varias meriendas, no solo una). Esto llega sobre las cinco y media o las seis (antes no, desde luego: para mi turbación, el día después de descubrir su existencia pregunté todo emocionado si ya era «la hora de la merienda» a las cuatro y media, y me dejaron bien clarito que tomarla antes de las cinco y media es de gordo y de glotón). Así pues, en torno a las seis puedo ir a uno de los muchos restaurantes o bares de la zona y tomar unas tapitas que me mantienen contento y concentrado hasta las nueve y media. Por si fuera poco, los del bar son simpáticos. No están sentados en un pub de Londres calentando la cerveza entre las manos y con la vista fija en el suelo o con ganas de pelea. Saludan, charlan, cuentan chistes que no entiendo.

Este nuevo horario de comidas es increíble, porque implica que puedo ir al teatro o a un concierto a las siete y media o las ocho, y no pasarme noventa minutos de desgracia y congoja pensando en carne. Puedo disfrutar de la función, sentir una leve emoción ante la perspectiva de volver a comer después y relajarme al saber que, cuando salga, será la hora de cenar.

Pero la cosa aún mejora: después está (redoble de tambores y golpe de genio número tres) la RECENA. Sí. Otra. Puta. Cena. Porque sobre medianoche o la una de la madrugada, mientras veo una peli o estoy con amigos, charlando y paseando por Madrid, me vuelve a entrar hambre y, por lo visto, se permite, incluso podría decirse que se fomenta, tomar otro riquísimo refrigerio antes de ir a la cama.

Saber esto me ha hecho muy feliz. La idea de que, de adultos, podemos actuar un poco como los niños que hacen la cola de la leche en el colegio a la hora de la merienda (bueno, igual eso solo se hace en el Reino Unido) y comer seis veces al día en vez de tres favorece a todo el mundo. Esto también me da más energía para dedicar a cosas creativas mientras me relajo. Ahora, más que nunca, tenemos que hallar una especie de equilibrio creativo, un movimiento que nos aleje de la telerrealidad y de la comida basura, y quizá reservar cuarenta y cinco minutos al día para leer, escribir, pintar, aprender a tocar la guitarra. Algo, lo que sea, que sirva de antídoto contra el mundo siempre conectado en que vivimos.

Muchas veces se considera la cultura como una contribución en el campo de la literatura, la música o las artes. Algo creativo que refuerza la estructura de una nación durante generaciones. Pero igual de importante es lo que alimenta esa cultura. Y os garantizo que De Falla no podría haber compuesto *Noches en los jardines de España* sin un puto picoteo a media tarde. ¿Y el *Guernica* sin picar algo a media mañana? Ni de coña. ¿Cervantes con el estómago vacío? El *Quijote* habría sido la mitad de largo (aunque también hay que decir que, entonces, seguramente más gente habría leído el libro completo).

Imaginad la alegría de descubrir que puedes comer el doble de veces que antes, sin engordar, y que gracias a eso puedes ganar en productividad. ¿No os entrarían ganas de dar saltos de júbilo y decir: «Joder, es que no me voy»? Porque eso fue justo lo que hice. Estaba en la habitación de un hotel con Denis, contemplando unas vistas tan bonitas que daban asco, con la tripa llena de las cosas más increíbles que conoce el ser humano, y lo miré a los ojos, di saltos de júbilo y dije: «Joder, es que no me voy a ir nunca de aquí».

La comida, aunque es un motivo importante para cambiar de país, no es el principal. Ni de lejos. En mi caso, lo que hizo del traslado la opción obvia fue la sensación de formar parte de un lugar. Sentir que tenía mi sitio. No solo eso, sino que además me recibían bien. Que formaba parte de una comunidad y que en esa comunidad imperaba un ambiente de respeto mutuo, calidez y reciprocidad. Tras haberme sentido como un turista dentro y fuera de mi cuerpo durante tantos años, esa sensación de pertenecer por fin a un sitio fue uno de los mayores regalos que recibí jamás.

«Comunidad» es una palabra que me gusta. En ella se encierra en gran medida lo que España significa para mí. Todos tenemos el impulso innato de proteger lo que amamos y de preocuparnos por ello. Esto se da tanto si el amor es correspondido como si no. Los padres sienten esto hacia sus hijos y estos hacia los padres, incluso si son monstruos. Quizá esto nos lo inocula Dios en la concepción para tratar de obligarnos a ser mejores seres humanos de lo que somos en realidad. Para que pongamos la otra mejilla. Para que, donde hay odio, aparezca el amor. Para alentar, apoyar, animar, dar. Todo lo que los padres deberían hacer por sus hijos. Todo lo que los seres humanos deberían hacer por su comunidad.

«Comunidad» es una palabra importante. Un grupo de personas que viven en el mismo sitio, que comparten intereses. Yo nunca me había sentido parte de una hasta que me instalé en España. Y, como ha pasado en tantos otros países, incluido aquel del que he huido, parece que en ocasiones esa sensación de comunidad se ha visto quebrada, atacada, dividida en bandos, amenazada de desaparición.

En un mundo en llamas, la comunidad es algo sagrado. Es lo más importante. Quizá, lo único importante.

Al trasladarme a España encontré mi nuevo hogar; el primero, en realidad; me di cuenta de que aquí podía respirar, según me parecía, por primera vez en mi vida. Empecé a echar raíces. A aprender verbos. A rezar para que me concedieran el pasaporte español y la plena ciudadanía. Ahora, España es mi hogar. Mi comunidad. Siento el impulso de protegerla.

Es posible que mi amor por España se esté convirtiendo en un rollo, como cuando un padre reciente se dedica a bombardear a la gente en Facebook con fotos de niños que a nadie le interesan para nada, pero no puedo evitarlo. Porque el efecto que mudarme aquí ha tenido en mí me ha cambiado la vida. Me la ha salvado, incluso. España, mi casa, un país formado por diecisiete comunidades y cuyo todo, por tanto, es incluso mayor que la suma de las partes.

Cuando me fijo, me fijo de verdad, en el sinfín de ciudades y pueblos que he visitado en España (al menos treinta hasta ahora, y subiendo cada mes), soy incapaz de sentir otra cosa que no sea orgullo y amor. Percibo lo grande y los detalles pequeños, todo lo que ayuda a fomentar esa existente sensación de comunidad: el sinfín de mujeres (y, gracias a Dios, hombres) que se echan a las calles, que le dicen «ya basta» a esa violencia avalada por la cultura a la que han sido sometidas durante siglos; el uso lleno de respeto de la palabra «abuela» (tan distinto del empalagoso término inglés *granny*); los conductores de autobús que esperan con paciencia en el bordillo a que suban los ancianos renqueantes; las sonrisas y los «hola» en la sala de espera del médico; la explosión de cultura, colores, olores, idiomas, gastronomías y arquitectura («música congelada», como la llamaba Nietzsche, algo que resulta más pertinente en España que en cualquier otro lugar); el hecho de que me parece que nunca estoy a más de diez minutos a pie de una librería, donde por lo visto charlar y hojear es tan importante para los dueños como comprar; la bondad de los desconocidos; los incontables «un abrazo»; la paciencia, la tolerancia, la empatía y la calidez que faltaron tantos años en mi vida, hasta que hallé aquí mi sitio.

Cómo no, España ocupa el primer lugar en la última lista de Bloomberg de los países más saludables del mundo. En todo el mundo no hay un país igual. ¿Hay incertidumbre económica, delincuencia, enfermedades mentales, violencia, pobreza, corrupción y adicciones? Pues claro. ¿Y dónde no? Pero aquí, más que en cualquier otro sitio en que yo haya estado, existe una sensación de comunidad que repara estas cosas, que promueve el sentido de la pertenencia, no con el ánimo de dividir, sino de mejorar la vida de todos aquellos que habitan en este país milagroso.

Cuando ciertos partidos políticos tratan de prender fuego a Europa y al resto del mundo, cuando tantos ciudadanos deciden creer las mentiras y la propaganda de la extrema derecha, cerrar su corazón, dividir y obrar desde el miedo en vez de abrirse, unir y obrar con amor, parece ser más que nunca un momento la hostia de bueno para recordar qué es una comunidad. Qué milagros puede producir. Hasta qué punto es algo en lo que todos podemos participar y de lo que debemos sentirnos orgullosos. Hasta qué punto todos, por elección o por pura suerte, nos unimos gracias a ella. También es un buen momento para recordar que debemos preguntarnos los unos a los otros «¿Estás bien?» con una frecuencia algo mayor.

Este era mi plan. No ser una isla. No hacer todo lo posible por protegerme y ser completamente autosuficiente, sino ser valiente y dejar de esconderme. Formar parte activa de mi comunidad.

Capítulo 8

Sin alguien que refleje nuestras emociones, no tenemos ningún modo de
saber quiénes somos.

JOHN BRADSHAW, *Volver a casa*

Había tomado la decisión. Se había acabado el Reino
Unido. Iba a escaparme a España. El problema era a
qué parte. Y las opciones no solo eran Madrid o Barcelona. Ojalá hubiera sido tan fácil... Pero no. El
número de sitios españoles que uno podría considerar fácilmente un hogar es extraordinario.

Empecemos por Andalucía. Todo debería empezar por Andalucía. Joder, es que es un sitio increíble.

El sur de España cuenta con conexión por tren
de alta velocidad a la capital (cuando hablo de alta
velocidad, me estoy refiriendo a un tren que anda a
trescientos kilómetros por hora, siempre puntual,
siempre limpio y siempre eficiente, todo lo contrario
de la red ferroviaria británica). Por eso, cualquier sitio de Andalucía, por ejemplo, supondría una verdadera tentación: tiene las temperaturas más cálidas de

España, es enorme (más grande que la mayoría de los países europeos) y posee una cultura tan amplia que merece un libro en seis volúmenes. Los primeros homínidos de Europa aparecieron en Andalucía. Las pinturas más antiguas de la humanidad se descubrieron en Málaga. Cádiz es una de las ciudades más antiguas, si no LA MÁS antigua, de Europa occidental. Sevilla, la capital de Andalucía, alberga el mejor equipo de fútbol de la liga, el Real Betis.

El Betis es el equipo que todos los demás deberían aspirar a ser. No cuenta con los fondos ilimitados de sus mimados colegas de Madrid y Barcelona, y los jugadores saben que deben demostrar su talento en el campo, no anunciando champú contra la caspa o saliendo guapos en una valla publicitaria. Son luchadores. Poetas. Caballeros. Forman un equipo legendario, desde Joaquín, el jugador de más edad de la liga y, por eso, el más sabio, hasta Lainez y Fekir, los delanteros milagrosos; desde Bartra y Mandi, los geniales defensas, hasta Joel, el portero de los dioses. Me encantan. Toco su himno al piano siempre que puedo. Los contemplo asombrado cada vez que juegan. Y en el fondo sé que, aunque hace mucho (muchísimo) que no pasa, llegará el momento en que vuelvan a ganar la liga. Y el mundo agitará banderas de un verde brillante en su honor. Imagino que la gente esperaba que fuese seguidor del Atlético o del Madrid, pero la verdad es que yo solo veía a una panda de niños mimados que se dedicaban a hacer anuncios televisivos y que se pasaban la vida fingiendo que se caían. De forma radicalmente distinta, la primera vez que vi jugar al Betis tuve una revelación. Ahí estaba la esencia de este bello deporte. Me enamoré en un abrir y cerrar de ojos, y hasta ahora. Creo que *musho* está en la lista de las diez palabras que más uso.

Sevilla también tiene la temperatura media anual más calurosa de la Europa continental. Después viene Almería, también en Andalucía. Allí nacieron Picasso, Murillo, Velázquez, De Falla, Camarón de la Isla, Lorca. Por Dios, hasta Séneca era oriundo de Andalucía. Algunos de mis recuerdos más felices en España los he creado en Málaga (es una ciudad a la que suelo ir una vez al mes); El Tapeo de Cervantes es uno de los mejores restaurantes del país: pequeño, atestado, milagroso, con un sinfín de platos que va saliendo de la cocinita. Las calles empedradas se llenan de risas, música, pasión.

Y el idioma. La milagrosa belleza musical del español de Andalucía, la triple negación de «no ni na», que curiosamente viene a significar «sí, por supuesto». La elisión de sílabas, gracias a la cual todo fluye de forma mucho menos forzada (*pesao, maomeno, taluego, a menúo, encantao*), que consiste en mandar la letra *d* a la mierda. Su ritmo y su cadencia lo convierten en algo de una belleza imposible e imposible (para mí) de entender.

Si a esto le añadimos la sorprendente hermosura de Granada y de la Alhambra, de Córdoba, Jaén y Huelva, aparecen infinitas razones para considerar la región un hogar. No creo que haya alguien a quien le cueste vivir bien en un apartamento de Málaga o en un piso de Sevilla.

Pero luego me fijé en el norte, a escasos cuarenta y cinco minutos de avión desde Madrid. Bilbao, San Sebastián, Pamplona, Santander, Gijón, Oviedo, Vitoria... Asturias, el País Vasco, Navarra: lugares de un atractivo tan intenso que me dejan sin aliento.

Nunca olvidaré mi estancia en el hotel Alma de Pamplona, ciudad en la que di un concierto, ni la comida en el restaurante del establecimiento, que nos dejó patidifusos. Estuve con Denis y un amigo gallego; vivimos minutos enteros de silencio por lo buenísimas que eran la comida, las vistas, el ambiente. Y queda a menos de cien kilómetros de San Sebastián. Por si fuera poco, ahí nació Azpilicueta.

O Cantabria, parte de la «España verde» —así llamada por su vegetación extraordinariamente frondosa— y dueña de una historia inmemorial: ya Catón el Viejo mencionó Cantabria en el año 195 a. C. para describirla como un lugar «grande y hermoso, con pesca abundante». En ella se encuentra la maravillosa ciudad de Santander y además hay antiguas pinturas rupestres, iglesias, tierras, comida y gastronomía extraordinarias (¿a quién no le gusta el cocido montañés?).

El País Vasco, con su idioma complejo, antiguo, casi intraducible, su abundancia de *pintxos*, su asombrosa arquitectura, su rica historia cultural. El norte de España conforma todo un mundo que se tardaría varias vidas en explorar; yo sabía que podía ser ridículamente feliz en Bilbao u Oviedo. O en La Rioja, cuya capital, Logroño, es el centro gastronómico de España (aunque sigo pensando que San Sebastián es mejor). Visitad el Nacedero del Urederra y decidme que me equivoco.

Después descubrí Galicia. Y volví a enamorarme. Limítrofe con Portugal y Asturias, tiene más de mil seiscientos kilómetros de costa, los mejores mariscos de España (lo siento, pero es verdad), un idioma más bonito que cualquier otro que yo haya escuchado (tienen más de cien palabras para la lluvia), más maneras de preparar un pulpo de las que son estrictamente necesarias, y filloas, el mejor postre jamás inventado. No me costaría nada establecerme en Vigo, Santiago de Compostela, A Coruña o Lugo. Siempre que he estado y tocado en Galicia he sentido que llegaba a casa. He sentido paz. Mi mejor amigo de Madrid, Tamar, es de Santiago. Todos los gallegos que he conocido aquí son de una simpatía arrebatadora. Buenas personas. Algún día haré el Camino de Santiago (lentamente).

Pero la lista sigue. Y sigue. Cataluña. Por dónde empezar. Podéis leer a Orwell. O visitar Girona, Barcelona, Lleida. Explorar el lugar de nacimiento de Dalí, Miró, Gil de Biedma, Carreras, Casals, incluso Guardiola. Un paseo por las callejuelas de Barcelona bastará para convenceros. Pasará lo mismo si conocéis el monasterio de Montserrat, el Barrio Viejo de Girona, las playas y el marisco de Sitges, el monasterio de Santa María de Poblet, la Costa Brava (una versión mucho mucho más agradable de la Riviera Francesa).

A ver, leed este párrafo de *La sombra del viento*, el extraordinario libro de Zafón, y decidme que no queréis ir a Barcelona ahora mismo:

> Las calles aún languidecían entre neblinas y serenos cuando salimos al portal. Las farolas de las Ramblas dibujaban una avenida de vapor, parpadeando al tiempo que la ciudad se desperezaba y se desprendía de su disfraz de acuarela. Al llegar a la calle Arco del Teatro nos aventuramos camino del Raval, entonces Barrio Chino, bajo la arcada que prometía una bóveda de bruma azul. Seguí a mi padre a través de aquel camino angosto, más cicatriz que calle, hasta que el reluz de la Rambla se perdió a nuestras espaldas. La claridad del amanecer se filtraba desde balcones y cornisas en soplos de luz sesgada que no llegaban a rozar el suelo. Finalmente, mi padre se detuvo frente a un portón de madera labrada ennegrecido por el tiempo y la humedad. Frente a nosotros se alzaba lo que me pareció el cadáver abandonado de un palacio, o un museo de ecos y sombras.

Esto no es una guía turística. Si lo fuera, dedicaría capítulos enteros a Valencia (la tercera ciudad del país, lugar de origen de la paella, donde se encuentran uno de los mejores restaurantes en los que he estado —Comer, Beber, Amar, palabras por las que vivir y morir—, el barrio de El Carme y el extraordinario paseo marítimo) y a muchos otros lugares: Extremadura, las Canarias, las Baleares… La lista es abrumadora. E inabarcable. Un festín de posibilidades. Una vida no da para todas ellas, pero solo espero vivir lo suficiente para visitar todos esos sitios y que dejen huella en mi alma.

En un primer momento, Barcelona parecía la elección evidente. Ahí estaba mi editor. No hablo mal el francés y el catalán se le parece, lo cual facilitaría las cosas. Está el mar. He tocado en algunas de las salas más asombrosas de Barcelona, desde el Liceu al Palau de la Música, pasando por el Teatro Barts. Todas impresionantes. Es una ciudad grande que parece un pueblo. Una intimidad envolvente permea su vastedad. Es cara, dentro de lo que es España, pero después de pasar en Londres toda la vida me parece de lo más asequible. Su influencia en el comercio, la educación, el entretenimiento, el deporte, los medios de comunicación, la moda, la ciencia y las artes la convierten en una vibrante e importante ciudad global, llena de vida, totalmente a la altura de Nueva York o Londres. Bueno, aunque más agradable.

Pero ¿y Madrid? Es la capital de España, obviamente. Y, pese a que las otras ciudades en las que he estado y de las que me he enamorado son divinas, Madrid es otra cosa. Para mí, perfecta. Solo puedo describir por qué de la siguiente manera: tengo una forma rara de TOC que hace que, a veces, tenga que emitir ciertos ruidos o tocar cosas un determinado número de veces de un modo concreto, muy específico. Lo que busco es un sonido o un roce «perfecto». Uno que sea el adecuado. Cuando eso sucede, la sensación es parecida a la de quitar la película protectora de un móvil nuevo o explotar burbujas de un envoltorio: como si en el mundo entero, durante un breve segundo, todo encajase. Todo está en su sitio. Así que suelto chillidos y palpo cosas y lo sigo haciendo hasta que doy en el blanco. A veces lo logro a los dos intentos, con mayor frecuencia me hace falta media docena. Cuando lo consigo, no obstante, me siento en paz y a salvo. Esa sensación es valiosísima. No tiene precio. Y es justo la misma sensación que me invade siempre que llego a Madrid. Es tan fuerte que, cuando el avión o tren o coche empieza a aproximarse a la ciudad, noto una oleada de emoción tan intensa que me entran ganas de llorar. Una suave voz interior me dice que, después de todo, después de huir tanto tiempo, de intentar escapar, de sentir un cansancio inimaginable, estoy en casa, estoy a salvo, estoy protegido y puedo, al fin, relajarme. Por eso sé que Madrid siempre será mi hogar.

Puede que yo solo sea uno de sus 3,3 millones de habitantes, pero siento que formo parte de una familia enorme y unida. Solo tras instalarme en Madrid me di cuenta de lo poco seguro que me había sentido antes. Tardé semanas en acostumbrarme a la posibilidad de usar el móvil mientras iba por la calle (en Londres me habían atracado seis veces). Tardé más todavía en darme cuenta de que no pasaba nada por sonreír a los desconocidos. Dar los buenos días, incluso. Con el horror que siente un inglés cuando está en una sala de espera del médico llena de gente, vi que una pareja entrada en años llegaba y, en voz alta, le decía «buenos días» a todo el mundo; me quedé anonadado cuando todo el mundo respondió lo mismo con una sonrisa. Olvidaos del Prado, del Reina Sofía y del Thyssen. Del Teatro Real, el Auditorio Nacional o la Zarzuela. Del Teatro Español y del Circo Price. Del Parque del Retiro. Del Palacio Real. De la plaza Mayor. Todo esto os mejorará la vida, desde luego. Son iconos culturales de primera línea. Pero dad un paseo por Lavapiés. Chueca. Malasaña. La Latina. Explorad el Matadero, bebed algo en el Café Comercial o el Barbieri, visitad la iglesia católica de Lavapiés (San Lorenzo), la capilla real de San Antonio de La Florida en Moncloa, el Panteón de Hombres Ilustres en Pacífico.

Caminad mientras os perdéis felizmente por las calles del centro y alzad la vista. Fijaos en los colores, escuchad los sonidos, no os olvidéis de respirar. Id a comer al restaurante Toga (pequeñísimo, escondido, cada plato un milagro) o al restaurante Lúa (el mejor gallego de Madrid y completamente inolvidable). Buscad una de tantas increíbles librerías con cafetería, poneos cómodos entre los libros y sentaos una hora con un café y una tostada mientras hojeáis el mundo interior de otra persona trasladado a la página. Enchufad los auriculares, apagad el móvil y perdeos por el centro sin rumbo fijo mientras escucháis vuestros discos favoritos y contempláis la arquitectura, los colores, mientras sentís el latido de esta ciudad extraordinaria. Advertid cómo las cosas aquí parecen algo menos apremiantes. Menos de vida o muerte. Más centradas en lo importante. La familia, la amistad, la conversación, la comida, el respirar, el ser. Notad cómo vuestro ritmo particular empieza a reducirse y a adaptarse al de la ciudad.

En España, para mí nunca hubo otra opción. Siempre iba a ser Madrid. A lo mejor un día tengo la suerte de contar con un pequeño apartamento de vacaciones frente al mar, en Vigo, Barcelona o Málaga. Pero, si voy a echar raíces en España, tiene que ser en Madrid. Esta ciudad me devolvió el reflejo, por primera vez, de quién era yo en el fondo. Y de quién podía llegar a ser de verdad. Me aceptó tal como soy. Yo era mucho más que el resultado de la violación y de la disfunción. Había llegado a casa.

Capítulo 9

Quiso la suerte que la chica de la que me estaba enamorando, aunque todavía no nos habíamos conocido en persona, se estaba planteando el mismo traslado. Unos meses antes, había recibido un mensaje por Instagram de una joven que vivía en Buenos Aires y que me daba las gracias por haber escrito *Instrumental*. Me llegan muchos mensajes por las redes sociales. La mayoría preciosos, otros no tanto. A la mayoría no les hago caso (porque no sé de dónde sacar tiempo para responder a cincuenta mensajes al día, todos los días), pero algunos los contesto.

Este lo respondí. Y hacerlo fue una de las mejores decisiones de mi vida.

Estuvimos escribiéndonos unos cuatro meses antes de vernos en persona. Correos electrónicos, poemas; mezclábamos nuestras palabras en ensaladas de distintos idiomas para conocernos. Se llamaba Mica. Me pareció exótica, inteligente, buena, extraordinaria, valiente, sabia, graciosa, humana. Más de lo que yo merecía. Empezamos a escribir nuestra historia de amor de un modo más suave, más a la antigua, en 2016. Nos vimos cara a cara por primera vez en enero de 2017, pues yo tenía un concierto en Madrid y resultó que ella también andaba por allí. La espera mereció la pena, vaya si lo hizo. Mica me dejó anonadado.

En junio llevábamos cinco meses viéndonos; ella cogía un avión a Londres, yo a Madrid (donde ella iba cada pocos meses), para vivir unos fines de semana a matacaballo y breves períodos de un amor acogedor, perfecto. Ella había decidido marcharse de Buenos Aires por motivos parecidos a los que me llevaron a irme de Londres. Los dos nos habíamos hartado del caos en nuestras respectivas ciudades de origen. Saber que ella también venía a vivir a Madrid, desde Buenos Aires, también pudo haber influido en mi decisión de elegir la capital como lugar de destino.

Así pues, cogiendo aire y sin conocer en la ciudad absolutamente a nadie que no fuera Mica, en junio de 2017 viajé a Madrid para buscar las dos únicas cosas esenciales que iba a necesitar en mi nueva vida: un apartamento y un piano. Pensaba que tardaría semanas. Largas búsquedas, docenas de inmobiliarias, sorpresas y decepciones, estar varios meses yendo y viniendo. Pero en realidad solo me hicieron falta cuarenta y ocho horas.

Vi varios apartamentos en alquiler que no me servían; me parecían algo impersonales. Sin alma. Pero la agente era encantadora (me trajo un ejemplar de mi libro para que se lo firmara y se lo dedicara a su madre, lo que fue una sorpresa preciosa) y, al final del primer día, entramos en un apartamento de la calle Padilla. Esta calle se encuentra en la parte pija de Madrid. No pija en plan futbolista, sino del pijerío de toda la vida, del de abrigo de pieles. Pero (esto lo digo un poco a modo de disculpa) tened en cuenta que todavía no conocía la ciudad. Viéndolo ahora, si lo volviera a hacer, habría buscado más hacia el centro, por ejemplo en Malasaña o Lavapiés, pero en aquella época, viniendo del ruidoso, peligroso, caro y sucio Londres, al acceder a aquel apartamento en concreto sentí que me invadía una oleada de paz. Era amplio, no le faltaba luz, cabía un piano y era silencioso. Vamos, supersilencioso. No me llegaba ni el ruido de un coche. La zona era tranquila, sosegada, pacífica. Me pareció un pequeño oasis. Hasta entonces, nunca había vivido solo en la zona «pija» de una ciudad. Estaba limpio, tenía portero (Said, el hombre más encantador del mundo) y quedaba a veinte minutos en metro de prácticamente cualquier punto de Madrid. Contaba con un pequeño dormitorio de invitados para cuando viniera mi hijo de visita y, lo mejor de todo, estaba amueblado y se incluían todos los gastos. El wifi corría que se las pelaba. Es un detalle, pero después de que me costase conseguir una banda ancha decente en el Reino Unido, se me antojó un milagro poder bajarme una película en tres minutos y no en una hora. Además, los vecinos parecían muy simpáticos. La gente sonreía mientras yo paseaba y exploraba el barrio, con muchas cafeterías y tiendas, una sensación de espacio y de calidez. Era todo lo que esperaba de Madrid.

Allí mismo firmé por seis meses, con la posibilidad de renovar el contrato, y pasé a centrarme en el piano.

Fui a varias tiendas de música y me puse manos a la obra. Había sitios en los que tenían teclados eléctricos, pero me costó encontrar uno en el que hubiera pianos de verdad. El problema, que supongo que no era menor, es que no hablaba español y tampoco conocía demasiado bien la ciudad. Así que llamé a mi amigo George, de la Steinway de Londres, y me habló de un amigo suyo en España que vendía pianos de esta marca en Madrid. La familia Hinves, que tenía un establecimiento a las afueras de la ciudad, en Getafe. Resultó que también habían sido los principales proveedores de mis conciertos en España, que habían estado llevando gigantescos Steinway de cola a salas de todo el país para que yo tocase en ellos. Un par de horas después de haber hablado por teléfono, Santi me recogió en Lavapiés, donde me estaba tomando encantado un café y una magdalena rapiditos en Cafelito, y me llevó en coche a su tienda, enorme y atestada de pianos extraordinarios. Empecé a babear un poco. Uno de cola era impensable. Demasiado caro, seguramente demasiado grande. Me fijé en otros, más baratos y verticales (Steinway ofrece tres marcas: la original y mejor, del mismo nombre, y dos modelos más baratos: Boston y Essex). Encontré un Boston que sonaba de maravilla y que costaba la mitad que el Steinway.

Pasé varias horas como un perrito emocionado tocando otros cinco o seis instrumentos y después, solo por diversión, probé un Steinway vertical, modelo O. Me enamoré de inmediato. El sonido era perfecto, la pulsación lo bastante dura para que mis dedos siguieran esforzándose, pero no tanto para que me resultara impracticable. Hice unos cálculos, respiré profundamente y pensé: «A la mierda». Ya tenía una dirección para la entrega y, así de fácil, había encontrado mi nuevo hogar y mi nuevo piano.

Tras pensar que arreglarlo todo y hacer el cambio me iba a costar meses, la cosa acabó suponiendo poco menos de tres semanas. Fui en junio a pasar un fin de semana, encontré el piano y el piso, y a continuación, el 13 de julio de 2017, me despedí de Londres y cogí un avión rumbo a Madrid.

Para siempre.

Tenía un concierto en el Teatro Real justo dos semanas después, el 27 de julio, y me pareció el momento idóneo. En vez de desplazarme desde Londres y pasarme siete horas viajando, me pasaría siete minutos en un taxi. No recuerdo haber sentido tanta ilusión nunca.

Hice tres maletas con la ropa esencial y algunas partituras, y, al cabo de un par de horas volando, aterricé en Madrid-Barajas. Tras coger un taxi, llamé a la agente inmobiliaria y quince minutos después (un cuarto de hora del aeropuerto a casa; jamás lo habría creído posible) estaba en el portal de mi nuevo apartamento.

Ya estaba. De repente, sin plan, sin familia, sin amigos y sin hablar ni papa de español, me encontraba a las puertas de una nueva vida.

Menos mal que no lo estaba haciendo completamente solo. A esas alturas, Mica también había llegado a Madrid, para quedarse, en enero de 2017. Pese a que tenía mucho trabajo en Argentina, había decidido formarse todavía más en aquello que le apasionaba y estaba estudiando interpretación en el Estudio Corazza, una de las grandes escuelas para actores. Creía, de forma admirable, que ningún esfuerzo es demasiado si quieres mejorar en algo muy importante para ti, aunque eso implique empezar de cero en otro sitio. La escuela quedaba a diez minutos andando de la calle Padilla. Y tenía todo el sentido del mundo que empezásemos a vivir juntos en nuestro nuevo hogar.

Esa noche, mientras estábamos en la cama, con la nevera llena de comida y la llegada del piano confirmada para la mañana siguiente, al tiempo que me adaptaba a los extraños sonidos de un sitio nuevo (o a su ausencia), de pronto me detuve y pensé: «Joder. ¿Habré cometido un error tremendo, enorme, catastrófico?». Ahí estaba, en una nueva ciudad, apenas capaz de hacerme entender, sin ninguna red de apoyo, sin tener la menor idea de la cultura, alejándome de una rutina y una vida que, pese a ser una mierda, me resultaban familiares y, a su manera, reconfortantes. ¿Y si España era perfecta para mirarla, increíble para pasar un fin de semana, ideal para fantasear, pero un puto horror para vivir? Había abandonado mi país y me había instalado aquí sin pensarlo mucho ni planearlo. Mi salud mental nunca había sido fabulosa, y era muy consciente de los peligros del aislamiento. Empecé a preguntarme si corría el riesgo de que las cosas se me fueran de las manos, de empezar a tener ganas de autolesionarme al estar solo, en un sitio desconocido, perdido y atribulado.

Capítulo 10

No tenía por qué preocuparme. (¿Cuántas veces tendré que oír esta frase para darme cuenta de que, de verdad, debería preocuparme menos?)

La mañana después de que llegara a Madrid también lo hizo mi piano, y el concierto del Teatro Real me brindó una concentración que necesitaba mucho. Empecé a encontrar mi rutina: piano por la mañana, un paseo, algo de comer, más piano, merienda, cena y a la cama. Era sencilla y parecía un buen inicio. Pese a que estaba ilusionado y ya me sentía, de un modo u otro, parte de la ciudad, todavía no tenía amigos en ella y el piano me ayudó a no estar solo, como había hecho toda mi vida. Mica se entregó plenamente a sus estudios, yo a los míos.

En un primer momento lo del piano me puso nervioso. En Londres no es infrecuente pasar años en el mismo edificio y no saludar nunca a tus vecinos. Me angustiaba muchísimo hacer demasiado ruido y molestar a mis nuevos vecinos en un sitio en el que quería vivir. Pagué incluso un suplemento para que instalaran un silenciador en mi instrumento. Es un chisme ingenioso: aprietas un interruptor y los martillos se separan un par de milímetros de las cuerdas, de modo que no las golpean ni hacen ruido. En su lugar, un láser mide la presión y la fuerza con que se ha pulsado la nota, el sonido se samplea y pasa por unos auriculares. Bueno, no es algo perfecto, pero sí estupendo para tocar entrada la noche o muy de mañana.

A lo que iba. No soy un psicópata. Sé que tocar el piano a las cinco de la mañana no es buena idea. Nunca lo hago antes de las nueve y media de la mañana o después de las nueve de la noche. Aun así, estaba un poco nervioso. Como era de esperar, cuando llevaba tres o cuatro días en mi nueva casa y había estado practicando tres o cuatro horas al día, sin usar el silenciador, oí que llamaban a la puerta. «Ya empezamos», pensé. Fui a la entrada, abrí con timidez y me preparé para tratar de pedirle disculpas por gestos a un vecino furioso. Lo que vi fue a una risueña mujer que sostenía un plato de algo que olía fenomenal y que tenía una pinta estupenda. En un inglés perfecto, me dijo que todos se alegraban muchísimo de que hubiera música en el edificio y que, no os lo perdáis, si podía «tocar más fuerte». Lo digo en serio. Añadió que su hija y ella dejaban lo que estaban haciendo para escucharme tocar desde el apartamento de arriba. Las dos me habían preparado una cosa llamada «torrijas», para darme las gracias y la bienvenida.

Eso sí que no me lo esperaba.

Aún me esperaba menos lo que sentí después de comerme la primera torrija de mi vida. Hostia puta. Fue la primera de muchas sorpresas que me confirmaron, una y otra vez, lo brillante que había sido la decisión de instalarme aquí.

Unos días después, Mica y yo nos preparábamos para salir. Termino de ensayar y, cuando abro la puerta, el anciano vecino de cuatro pisos más arriba está ahí plantado, con la cabeza inclinada y el oído pegado a la puerta. De nuevo, pienso que me van a echar la bronca. Parece un poco avergonzado, pero me explica que ha estado escuchando el piano y que lo hace siempre que pasa por delante de mi apartamento. A continuación, de forma sorprendente, mira a Mica (veintisiete años, preciosa, lozana, pura, perfecta), me mira a mí (cuarenta y un años, con entradas, un poco de tripa, destruido, maníaco), vuelve a mirar a Mica y le suelta con la mayor emoción posible: «Felicidades». En serio. Pero ¿qué coño me estaba pasando?

Me daba miedo que un turista de aspecto estrafalario y recién llegado a Madrid, que no hablaba el idioma y se dedicaba a tocar el piano todo el día, fuera una molestia hasta para el más paciente y tolerante de los vecinos. Pues resultó, otra vez, que no tenía por qué preocuparme. Amabilidad, respeto, urbanidad, simpatía, calidez. Cada vez me sentía menos inquieto y mejor acogido.

Unos días más tarde fui a los Premios Platino, un enorme festival en el que se celebra la cinematografía latinoamericana. Invitaron a Mica, que me llevó de acompañante. Allí tampoco conocía a nadie. Pero pasó algo raro, bochornoso y precioso. Mientras estaba en una esquina, tratando de parecer despreocupado y cómodo (sintiéndome en realidad como un bicho raro, un pulpo en un garaje), la gente se me empezó a acercar y a decirme cuánto les había gustado mi libro. Esto nunca me había pasado. Bueno, sí, de vez en cuando en el Reino Unido algún fan me abordaba por la calle y me pedía una foto. Pero jamás había vivido algo tan raro. Actores, directores, agentes me pedían fotos. Esa noche conocí a mi mejor amigo. Tamar Novas. Tenía pinta de estrella de rock y era una de esas personas que dan la impresión de conocer a todo el mundo. Al alzar la vista, vi que se aproximaba a mí, nervioso; me dijo que llevaba siglos queriendo saludarme, pero que le daba mucha vergüenza, que había leído *Instrumental* y que le había encantado de verdad. Cómo no, yo pensaba que a la gente se le había ido la puta olla, que yo era un don nadie y que aquel no era mi sitio. Salimos a fumar, Tamar y yo empezamos a charlar; su inglés era increíble; me pareció verdaderamente encantador y, ahí mismo, descubrí dos cosas: 1) Galicia produce las personas más adorables del planeta (puede que Rajoy sea la excepción que confirma la regla); y 2) en Tamar tengo un mejor amigo de por vida.

Conocí a un montón de personas nuevas e increíbles. Todas creativas. Todas amables. Todas cálidas y acogedoras. Me había pasado gran parte de la vida sintiéndome un marginado y quedándome, incómodo, en un rincón cuando iba a una fiesta. Ahora, de repente, las cosas eran distintas. No tenía que desear ser invisible, ni que esconderme, ni que pedir perdón por existir. Fue liberador. Empecé a sentirme más como un igual, no como una mierda que ha pisado alguien.

Todo en este país era nuevo para mí. Claramente. Lo que vivía no era solo un choque cultural o una leve necesidad de adaptación. Era algo total y completamente distinto. Un estilo de vida que me resultaba tan ajeno como extraordinario. La cosa es que no solo eran simpáticos conmigo los actores en las entregas de premios. Soy suspicaz por naturaleza y me cuesta fiarme de lo bueno. Una parte de mí racionalizó la situación pensando que lo de que los directores de cine, agentes y actores quisieran ser amigos míos era una excepción, algo que solo ellos querrían hacer, porque veían a un espíritu afín gracias a una especie de detector de perroflautas propio de las personas creativas.

Pero me costaba más explicar que los taxistas charlaran de forma tan abierta y agradable. Que el conductor del autobús esperase con el vehículo detenido en la parada mientras yo me acercaba corriendo a veinte metros de distancia, en vez de echarse a reír y largarse como Fernando Alonso, que es lo que hacen en el Reino Unido. La cajera del Carrefour. El repartidor, el cartero, el florista, la camarera, el barista. Todas esas personas se comportaban casi siempre con una amabilidad absoluta y sincera. A ver, es que hablamos de un país en el que la gente se despide en los correos con «un fuerte abrazo». Hasta con el jefe. Así que no es tan sorprendente. De todas formas, cada vez que esto pasa, muchas veces al día, con cada interacción con otra persona que es auténtica, simpática, amable, abierta, acogedora, una parte de mí sana un poco más.

Y ahí estaba, formando parte de una comunidad, viviendo en la calle Padilla, plenamente entregado a mi nuevo país, y tenía mi primer concierto como residente. Uno muy importante. En el Teatro Real, el 27 de julio de 2017. Entradas agotadas. Más de dos mil doscientas personas. A un tiro de piedra de mi casa.

Matthew, mi mejor amigo, vino de Londres para el concierto. El día anterior lo pasamos vagando por las calles de la ciudad, deslumbrados. Lo llevé a comprar churros; fuimos a pequeños restaurantes baratos, pero que eran la hostia. Paseamos por el Retiro. Él también venía de un mundo de cafés a siete libras y gente gritona que corría de un lado a otro como avispas mentales. El placer que me procuró ver como se apoderaba de mi amigo el Efecto Madrid® fue enorme. Noté que empezaba a relajarse físicamente. A bajar el ritmo. Percibí que comenzaba a alzar la vista al pasear, a mirar a su alrededor. A caminar un poco más lento, a quedarse un par de horas a la mesa en las comidas, a respirar más hondo.

Al vivir aquí, empecé a sentirme como quien ha encontrado a la novia perfecta. Mis amigos y mi familia la conocerían y después pensarían en sus propias relaciones, se darían cuenta de lo que les faltaba.

A todos los que venían a visitarme les pasaba lo mismo. Pequeños detalles como el asombro inicial al ver que se llegaba del aeropuerto a mi casa en un cuarto de hora. Que el metro fuera rápido, regular, barato, que estuviera limpio y tuviera aire acondicionado. El precio y la calidad de la comida. Detalles más importantes, como la abrumadora belleza del cielo, los parques, la arquitectura, los colores. La sensación de amplitud y la disminución de la tensión. Poder sentirse seguro al ir por la calle. Ser capaz de mostrar todo esto era algo glorioso.

El primer concierto fue fenomenal, como no podía ser de otro modo. El primero como madrileño, aunque por el momento solo honorario y autodesignado. El teatro era enorme, pero el ambiente era íntimo. El público…, bueno, más bien parecía de rock, si soy sincero, lo cual fue increíble. Chopin, Bach, buen tiempo, amigos, una acústica maravillosa, la energía de una sala con todas las localidades vendidas. El paraíso. Después cruzamos la calle a un De María y cenamos unas quince personas. Hice nuevos amigos, no sentía el impulso urgente de volver a casa y esconderme, como me suele pasar tras los conciertos. Trasnochamos. Reímos. Me sentí parte de una pandilla, algo que veía en las películas y que se me antojaba una ficción absoluta, inalcanzable, pero que me estaba sucediendo.

Sin saber cómo, mi equilibrio entre vida y trabajo se había fundido en una sencilla, preciosa, absorbente «vida».

Fui adaptándome a mi nuevo mundo aquí, familiarizándome con todo, con una sonrisa que se está convirtiendo en un gesto cada vez más permanente. Daba conciertos, invitaba a mis amigos a casa, me invadían un orgullo creciente y una sensación de alivio por haber acertado de lleno, por haber elegido el sitio indicado, por haber tomado la mejor decisión.

Cuando mis amigos, mi mánager y mi madre venían de visita, los llevaba por Madrid con un orgullo y una ilusión rayanos en el proselitismo. En cierto modo, esperaba que el momento acabase, darme cuenta de que me había equivocado completamente respecto a España, que en realidad era un país de mierda con gente de mierda, de que instalarme aquí había sido una idea penosa. Pero ese momento nunca llegó. Más bien ocurrió lo contrario y cada día me sentía más en casa, más enamorado, más seguro y tranquilo con mi decisión.

Busqué un terapeuta, porque hasta yo sabía que lo de cambiarse de país necesitaba mucha adaptación. Lo busqué por Google, le mandé un correo y recibí una respuesta reflexiva y cálida. Así que fui a verlo para tener una primera sesión. Corpulento como un oso, de cara rubicunda y sonrisa contagiosa, Miguel (para mí, Mike) hablaba un inglés perfecto; me sentí muy a gusto.

Empecé a ser más conocido. Mike me dijo que me estaba haciendo famoso en España. (Y se me hace raro escribirlo ahora.) Añadió que, antes de que me mudara al país, le sonaba mi nombre y a veces me veía en la prensa. Pero cuando ya llevaba aquí semanas o meses, comenzó a verme mucho más en los medios; diversos amigos y familiares, que no sabían que tenía un vínculo conmigo, le mandaban mensajes sobre mí o enlaces a artículos que había escrito. Me dijo que debía acostumbrarme a esta situación, porque solo iba a incrementarse.

Yo también había empezado a notarlo. Para mi gran vergüenza. La fama no me resulta fácil, no la busco y me provoca una gran timidez, no porque me moleste, sino porque siento que no la merezco. Cuando paseaba por la ciudad para tomar un café con un amigo o simplemente para que me diera el aire y estirar las piernas, la gente empezaba a pararme, a pedirme fotos, abrazos, una charla o todo a la vez, con una frecuencia cada vez mayor. Aunque casi siempre lo hacía con respeto, de una manera preciosa. Me da risa cuando leo entrevistas y ciertas celebridades aseguran que es horrible que te reconozcan. La verdad, ¿a quién no le gustaría que un total desconocido lo abordara y le dijera que su trabajo ha cambiado su vida a mejor? O que escuchan tu música y esta les ayuda a sobrellevar un poco mejor la vida. Es algo muy bonito, aunque la sensación sea la misma que tiene todo el mundo cuando un gran grupo de gente te canta el «Cumpleaños feliz»: algo precioso pero..., bueno, también un poco incómodo y raro.

Desde luego, a veces la cosa se pone un poco rara. Una vez, en el metro, una señora mayor no dejaba de mirarme y entonces, incapaz de contenerse, decidió anunciarle a viva voz a todo el vagón quién era yo, y se puso a gritar, sí, a gritar mientras me señalaba: «¡ESE DE AHÍ ES JAMES RHODES Y SUS LIBROS SON INCREÍBLES Y ME HA SALVADO LA VIDA!». Quise desaparecer, me dio tanta vergüenza que salí del vagón en la siguiente parada, muy colorado, aunque eso implicase esperar al siguiente tren.

En otra ocasión, di un paseo de cuarenta y cinco minutos hasta el centro porque había quedado a comer con un amigo. Fue un trayecto extraño porque, cosa poco habitual, ese día al menos una docena de personas decidieron pararme para hablar. Incluidos algunos periodistas. Uno de ellos me pidió el número de teléfono para comentar un proyecto de trabajo y se enfadó cuando no quise dárselo. Un par más me pidieron que los ayudara en causas benéficas. Después de casi una hora así, acabé un poco malhumorado y abrumado. A ver, los periodistas saben cómo se hacen estas cosas, cuento con personas que me ayudan en estos temas, saben con quién tienen que contactar, pero, quizá de forma comprensible, piensan que se les presenta la ocasión de obviar al intermediario y pedírmelo directamente. Aunque es raro ser tan directo con un desconocido y aún más que alguien se empeñe en que le dé mi número de teléfono y que se ofenda cuando se lo niego.

Llego adonde he quedado con mi amigo y, mientras estamos en una terraza pidiendo algo de beber y charlando, se me acercan dos mujeres a las que no he visto en la vida, saludan y, como si fueran viejas amigas, se sientan con nosotros sin pestañear. Se dedican a hablarme durante diez minutos hasta que les explico, en tono de disculpa, que llevo tiempo sin ver a mi amigo y que quiero ponerme al día con tranquilidad. Parecen sorprendidas, un poco cabreadas, pero lo pillan y al final se van, no sin antes empeñarse en darme su teléfono y preguntarme si puedo ayudarlas a promocionar sus negocios.

También está la señora que vio en mi muro de Twitter que iba a ir al Thyssen a hacer una entrevista, se presentó, me esperó, me encontró, estuvo sentada una hora en la mesa de al lado mientras me entrevistaban y luego se negó a dejar que me fuera. Me cortó el paso literalmente e insistió en que tomáramos un café. Al decirle que no podía, pareció sorprenderse de veras. O el tío que fingía hacerse un selfi en un restaurante cuando en realidad estaba sacándome una foto mientras yo comía; también aparecen en Instagram imágenes mías, en plan *paparazzi*, en las que se sigue el rastro de dónde he estado; casi me dio un ataque al corazón la vez que noté que un policía me seguía varias manzanas para después abordarme y pedirme una foto; un tío de seguridad del aeropuerto me planteó un millón de preguntas, lo que me hizo sudar, pero después dejó claro que era fan y que solo quería charlar.

Estos son incidentes aislados. Y no me molestan para nada. Es increíble la cantidad de personas que me felicitan, que se toman la molestia de contarme historias preciosas, personales, inspiradoras. Lo siento como un tremendo honor. Puede llegar a abrumar lo de recibir docenas de mensajes diarios, en muchos de los cuales se me pide algo, mientras que en muchos otros me revelan detalles muy personales. Pero yo, sin ningún género de duda, lo vivo como un gran privilegio. Qué potente es experimentar esto y qué suerte tengo. Qué maravilla pasar de pensar que debo ocultar mi pasado, no hablar nunca de cosas que siguen siendo tabú, pedir perdón por ser quien era y por lo mal que tocaba el piano, callarme y ser invisible, a darme cuenta de que se puede hacer lo contrario, de que a lo mejor a veces caigo bien y de que parte de mi trabajo ha ayudado de verdad a la gente.

Después de los conciertos firmaba libros y cada vez más personas hacían cola para llevarse una firma y charlar. Al principio eran veinte o treinta, pero acabaron siendo cuatrocientas o quinientas en cada concierto, lo cual implicaba otras dos horas después de tocar, cuando lo que de verdad me apetecía era volver al hotel y pedir una hamburguesa, pero siempre siempre me hacía sentir mejor. Disfrutaba al ver la emoción en la cara de la gente. Después de lidiar con la voz de mi cabeza que me decía, persuasiva y segura, que acababa de dar un concierto horroroso, que la gente debía de estar espantada de haber pagado por escuchar semejante mierda, era una lección muy valiosa que varios centenares de personas me aseguraran justo lo contrario. Porque no podían equivocarse todas. A lo mejor unos pocos mentían o contaban la verdad a medias, pero ¿todos? A lo mejor quien se equivocaba era yo. A todas las personas amables y encantadoras que se han tomado el tiempo de decirme que les gustaron mis conciertos, quiero darles unas gracias la hostia de grandes. Es más importante de lo que imagináis.

España me estaba enseñando un montón de cosas. A pesar de mi suspicacia inherente, empezaba a confiar en el país. Pero había una cosa que me costaba de veras. Y no era un tema menor. Antes de llegar, conocía unas cuatro palabras de español. Después de varias semanas viviendo aquí, había llegado quizá a las cien. Era una vergüenza. La barrera lingüística era una cuestión que debía abordar de lleno. Sé que hay muchísimas personas que se instalan aquí y que deciden no molestarse en aprender español. Hay docenas de comunidades de expatriados con restaurantes y periódicos y grupitos ingleses, en los que en español, como mucho, se dice: «Una cerveza». Pero yo no pensaba hacer eso. No iba a marcarme un Gareth Bale. Había llegado el momento de hacer un esfuerzo consciente para mejorar mi dominio del idioma.

Capítulo 11

En un idioma nuevo, ¿por dónde empiezas? El castellano, al menos para mí, es tremendamente complicado. No cabe duda de que se trata de una lengua de una belleza suprema. Es musical, rítmica, apasionada, inspiradora. Tiene palabras que bailan por el aire y que acarician la lengua.

A un español nativo, es posible que lo que sigue le parezca una desordenada lista de palabras sin ningún sentido. Pero tratad de imaginarlas como si no las conocierais. En ellas hay un matiz suave, agradable, cierto sabor. Cuántas veces repetimos las palabras hasta el punto de que pierden cualquier atisbo de novedad y sentido. Aun así, siempre es posible volver a imaginarlas. Yo lo hago con la música continuamente: escucho o toco la misma sonata de Beethoven durante años y sigo encontrándole nuevos encantos. Sucede lo mismo con el lenguaje. Decidlas lentamente. Intentad escuchar su música interna, los sonidos que producen. Porque, para mí, esta lista de algunas de mis palabras preferidas en castellano es pura música.

GOLOSO
Sweet-toothed

PANOLI
Dork

ESCUCHIMIZADO
Scrawny

SOLLOZO
Sob

QUISQUILLOSO
Fussy

DADIVOSO
Generous

JUBILACIÓN
Retirement

SOSO
Lame/dull

CUTRE
Shabby

HIPO
Hiccup

REFUNFUÑÓN
Grumpy bastard

PETRICOR
El olor de la lluvia
al caer al suelo

ANTEAYER
The day before
yesterday

AMANECER
Dawn

MORBO
Sex appeal (aunque
con algo turbio)

CHISPA
Spark

DIÁFANO
See-through

TIQUISMIQUIS
Finicky

AÑORANZA
Yearning

UN POLVO
A shag

ZURDO
A left-handed

BLANDENGUE
Pushover

MOCOSO
Brat

NALGAS
Buttocks

TARDÓN
Someone who's
always late

DESVELADO
Sleepless

SEMPITERNO
Everlasting

ASQUEROSO
Disgusting

ESCUDRIÑAR
To scrutinize

ALBOROTADO
Excited/unruly

TRAVIESO
Mischievous

ESTREMECIMIENTO
Shudder

PARDO
El color entre el gris y el marrón

RIFIRRAFE
Squabble

POLIZONTE
Cop

CALUROSO
Sensible al calor (lo contrario de *friolero*)

PARDIEZ
Holy shit

RECHONCHITO
Chubby

QUIJOTESCO
Quixotic (after Don Quixote)

AGUJETAS
Muscle ache

DOBLE COÑO
Esto me lo he inventado yo para los momentos en que un solo *coño*, o *joder*, no basta

ESTAR EN PELOTAS
To be naked

ESPALDARAZO
A pat on the back

IMPÍO
A ruthless/despicable person

NO NI NA
La milagrosa triple negación que al final acaba significando lo contrario. El «coño, pues claro» andaluz.

MATASUEGRAS
Eso que se sopla en las fiestas y que hace un sonido horroroso

ORATE
A crazy person

ESTRAMBÓTICO
Outlandish/odd

FORRARSE
To become rich

PERENNE
Everlasting

CHIMPÚN
End of discussion

MOJIGATA
Prude

FANFARRÓN
Show-off

MÁTAME CAMIÓN
Kill me now

COQUETEANDO
Flirting

BOSTEZO
Yawn

ABRAZAFAROLAS
Lamp-post hugger

BOCACHANCLA
Cotilla
(literalmente:
flipflop-mouth)

CHORRADA
Bullshit

TOCAPELOTAS
Ball-breaker

CHALADO
Crazy

TONTERÍA
Bullshit

CIRUELA
Plum

ARREBOL
El resplandor
carmesí de un
atardecer

TINIEBLAS
Darkness/shadows

MORRIÑA
Homesickness

TUERTO
A one-eyed man

SUSURRO
Whisper

ME CAE GORDO
(Someone) rubs me
up the wrong way/
bothers me

LAMPIÑO
Hairless

LIGÓN
Womaniser

UN DEPRE
Someone who's
a downer

ÑACA-ÑACA
Hanky panky

LLUVIA
Rain

Podría añadir mil más. Y no olvidemos las expresiones y los modismos. Frases que parecen automáticas e inconscientes cuando llevas toda la vida viviendo aquí, pero que a mí, como recién llegado, me impactan a lo bestia. «Dar a luz», por ejemplo. Entregar a la luz, de forma literal. Desde el inicio mismo de la travesía de la vida, estás siendo entregado a la luz. Como en esa escena de *El rey león* en la que el cachorro es ofrecido al cielo y al universo en una celebración de la vida. Aquí, todos los bebés son ofrendados a la luz del cielo, para que sean bienvenidos y celebrados, convirtiendo así la lucha sangrienta, dolorosa y agónica de un parto en lo que realmente es: algo de veras heroico. Un acontecimiento en el cual cada niño nace con la capacidad de lograr algo grande.

También está lo de «consultar con la almohada», en vez de la expresión *sleeping on it* que empleamos en Inglaterra. Qué forma tan bonita de expresarlo. Qué comodidad, qué suavidad. Una oportunidad, mientras dejamos que nuestras cansadas mentes reposen, para que unas fuerzas naturales situadas más allá de nuestra imaginación nos inspiren y nos guíen, nos brinden un consejo sosegado.

Cuando alguien cercano a ti muere, en vez de soltar la frase inglesa «lamento tu pérdida», algo sosa, aquí dicen «te acompaño en el sentimiento». ¿Hay un idioma más empático en el planeta? ¿Una forma más bonita de expresar la unidad en el dolor? Es una celebración de lo compartido, la ternura y la comprensión.

Los insultos, también, se convierten aquí en un arte. Le decimos a alguien que se lo folle un pez. No que se folle al pez, ojo. Mucho mejor es que el pez se lo folle a él. O mandamos a otro a freír espárragos. No, yo tampoco tengo la menor idea de por qué.

La gente se caga en todo para manifestar su asco y su indignación. La verdad es que puedes decir «me cago en...», añadir cualquier nombre y funciona. Tu madre. La leche. Tu puta abuela. En todo lo que se mueve, la mar salada, tus muertos. Os hacéis una idea. Menuda creatividad: el pagafantas, del verbo pagar y la bebida Fanta, es un hombre que lo paga todo con la esperanza de iniciar una relación con una mujer, pero que no consigue nada a cambio. Puedes decir que alguien es tonto si se dedica a peinar bombillas. El tema de los refrescos continúa con «te crees la última Coca-Cola del desierto» (frase algo anticuada, pero bastante ofensiva, en cualquier caso).

Un burro sabe más que tú. Eres tan feo que haces llorar a las cebollas. Aunque la mona se vista de seda, mona se queda. Que te la pique un pollo. Y así siguen. Creativos, maravillosos, gloriosos.

Todas molan mucho. Sin embargo, no basta con memorizar palabras y expresiones. Ojalá. Eso sería como memorizar las notas de una sonata de piano sin aprender a tocar el instrumento. Hay que aprenderse verbos, observar las reglas gramaticales, por no hablar de las excepciones a las reglas, los verbos irregulares, los verbos reflexivos, las palabras que cambian en función de que se refieran a algo masculino o femenino, los verbos que cambian en función de qué haces, durante cuánto lo haces, si la acción se refiere a un estado permanente o a otro transitorio. Es un panorama enorme y confuso.

El género (una vez que te lo sabes) y el número tienen que concordar todo el tiempo. «Los perros negros», por ejemplo. Parece sencillo. Pero en inglés se expresa de un modo muy distinto; no hay género y jamás diríamos *thes blacks dogs*. Ser y estar. Hostia puta, España, ¿en qué estás pensando? El verbo más común y fundamental no solo es irregular, sino que el *to be* que usaríamos en inglés depende de tantos factores que aquí tenéis que emplear dos verbos cuando el resto de las lenguas del mundo solo tienen uno.

Por suerte, hay ciertas reglas, como que un nombre que acaba en -a es femenino.

Menos mal.

Eso si no contamos las palabras que acaban en -a y que son masculinas. Porque A LOS EXTRANJEROS QUE LES DEN.

También hay un montonazo de verbos que se usan de forma distinta y que cambian no solo en función de quién lleva a cabo la acción, sino de si esta acción se basa en un hecho real y tangible o en algo probable, hipotético, esperado, deseado o temido. Sí. Buena suerte con esto.

Y están, cómo no, los verbos pronominales. Los verbos reflexivos, en los que el pronombre reflexivo (me, te, se, nos, os, se) cambia completamente el sentido del verbo. Y el subjuntivo. Todo un tiempo verbal basado en la irrealidad, en el campo de lo incierto y lo subjetivo. Añadamos la sencilla palabra de dos letras «se», de forma siempre igual y múltiples significados, funciones y valores.

Por no hablar de la pronunciación. La *rr* es bien sonora; la *b* y la *v* se pronuncian igual; la *h* pasa de ser muda y suave a convertirse en *ch* cuando le apetece; la *j* es más una exhalación que una auténtica consonante; la *ll*...

Falsos amigos. «Constipada», «embarazada» y «éxito» no son *constipated*, *embarrassed* y *exit* en inglés. Claro que no. No tendría sentido. De eso, nada. Está claro.

En torno a la cortesía también hay normas sumamente ambiguas. Le puedo decir al taxista que cierre la ventana (no en plan: «Mire, por favor, ¿le importaría cerrar la ventana si no le molesta?», sino en plan: «Oiga, ¿me cierra la ventana?») y resulta completamente aceptable. Pero tengo que llamarlo de usted. ¿Por qué?

Las dobles negaciones («no tengo nada»), las frases que suenan como extrañas traducciones literales del inglés pero en realidad son trampas («tengo frío» = *I have cold*), la diferencia entre «por» y «para» (me rindo).

Por mucho que me empeñase, no podía fingir que sabía hablar. Sin duda, me esforzaba. Y mucho. Mezclaba el final masculino y el femenino de las palabras de cuyo género no estaba seguro, e intentaba que pareciese ambiguo («*encantadaooa*», «cierre *loas cortinaos*, porfa», etcétera), con escaso éxito (al final, parecía que me estaba dando un ataque). Decía mucho «qué fuerte» cuando la gente se dirigía a mí, para dar la impresión de que lo entendía todo, y la verdad es que funciona muy bien casi siempre. Otra cosa: aquí la gente habla rapidísimo. Pero mucho. En plan metralleta. Lo cual resulta engañoso, el idioma suena rápido porque casi todas las sílabas tienen más o menos la misma longitud, no como en inglés, por lo que se produce un efecto de ra-ta-ta. Cosa que le complica aún más la vida a un recién llegado como yo.

Construía frases únicamente compuestas por «o sea, vale, en plan, joder, sabes, qué fuerte, de verdad, uff». Pero no podía zafarme del hecho de que la comunicación es algo esencial y yo, pues bueno, no podía comunicar.

Me compré libros. Fui a una escuela (dos semanas, porque era intensiva y nunca paso dos semanas en el mismo sitio). Contraté profesores particulares. Vi un montón de tele con subtítulos, parando cada pocos minutos y tomando notas. Mi acento era un horror. Cometía los errores más básicos: confundía «camarero» con «camerino», «pollo» con «polla» (lo cual da pie a una situación de lo más incómoda cuando a un carnicero le pides una deliciosa polla gallega); le dije a un camarero, en un arranque extraordinario, que estaba «listo para orinar» en vez de «listo para pedir» (creía que «ordenar» quería decir pedir la comida, *order food* en inglés, y luego la cagué aún más al confundir «ordenar» con «orinar»); a otro le pedí una «coartada» en vez de un cortado. Cometía errores catastróficos con los tiempos verbales y conseguía así que quienes eran capaces de pillar mi acento y, no sé cómo, entender lo que les decía, pensasen que podía viajar en el tiempo y que vivía en un cuadro de Dalí, todo por culpa de mi gramática. Era humillante. Y el hecho de que empezase a estar en el ojo público no ayudaba.

A estas alturas ya estaba participando con regularidad en un programa de radio en la SER. Lo emitían los sábados por la mañana, con Javier del Pino, y era uno de los mejores momentos de mi semana. A Javi lo había conocido unos meses antes, mientras estaba de visita en Madrid, y Jan, mi editor de ese entonces, me había rogado que diera una última entrevista de camino al aeropuerto. Era a las ocho y media de una mañana de domingo y la idea no me apetecía demasiado. También me parecía que la radio no merecía la pena. En el Reino Unido, sin contar los programas de la hora punta de las mañanas, en los días laborables y en las grandes emisoras musicales, me daba la impresión de que la radio era una pérdida de tiempo y que apenas tenía oyentes. Pero Jan insistió un poco, así que accedí.

Llegué a la SER, justo en la Gran Vía, y conocí a Javier y a Valentina, su increíble productora. Javi había estado años de corresponsal en Washington, así que su inglés era…, bueno, pues mejor que el mío. Yo estaba de mal humor y solo quería que aquello acabase, mientras esperaba no matar de aburrimiento a los pocos cientos de personas que pudieran estar escuchando a esa hora una mañana de domingo. Pero entonces divisé la vista desde la enorme terraza del edificio: todo Madrid se extendía ante mí, como un cuadro espléndido. Después de la entrevista (una charla preciosa de media hora sobre música, salud mental, el Reino Unido, mi libro), encendí el teléfono y vi que mis redes sociales echaban humo. Pero humo de verdad. No tenía ni idea de que seguían el programa más de dos millones de oyentes ni de que era uno de los más populares de España.

Además, Javier era un encanto. Había tenido muchas experiencias con periodistas gilipollas que intentaban ponerme la zancadilla, que se burlaban de forma taimada, que me provocaban, sobre todo en el Reino Unido. Pero Javier era directo, amable, inteligente, me dejaba hablar, planteaba preguntas buenísimas. Por eso, cuando al cabo de unos meses me mudé a España y me propuso que fuera media hora, todos los sábados por la mañana, lo consideré un privilegio. Aunque por mi incapacidad con el idioma en realidad iba los jueves, grababa el programa en inglés y Miguel, un amigo de Javi, doblaba y traducía mis respuestas. Qué humillación. Dicho esto, la de la SER era la mejor media hora de la semana: treinta minutos en un programa de noticias y deportes en el que podía hablar de música, tocar a Mozart y a Brahms en el piano, levemente desafinado, del estudio, mientras recibía cientos de mensajes de abuelas, políticos, taxistas, panaderos, actores, todos diciendo que siempre dejaban lo que estaban haciendo, cerraban los ojos y escuchaban esta música asombrosa los sábados por la mañana. Es precioso escuchar eso. Javier no era como esperaba. Bajo la fachada de seriedad, tenía un lado descarado; le encantaba que yo metiera en líos a la cadena diciendo demasiadas palabrotas sin querer, o cuando me confundía con algún término. Nos reíamos y nos divertíamos. Era como un hermano mayor que me ayudaba a orientarme en el mundo desconocido de la radio.

Tardé más de un año en poder empezar a hacer programas en directo y en castellano. Más de un año. Qué vergüenza. Pero estaba tardando más de lo esperado en aprender un nuevo idioma.

La cosa era aún más frustrante porque no hablo mal el francés y pensaba que el castellano iba a ser más fácil. Había aprendido francés en unos seis meses en París con dieciocho años porque…, bueno, pues porque tenía dieciocho años, vivía en París y salía con francesas. Como un tonto, pensé que con el español sería lo mismo. Solo que no tengo dieciocho años y mi cerebro no funciona tan bien como antes. Peor aún, mi mente decidió dejar de hablar francés. Era verdaderamente incapaz, y sigo siéndolo, de decir una frase entera en ese idioma sin meter palabras españolas. Está claro que hay una parte del cerebro al que no le gusta hablar más de dos lenguas.

Mica hablaba un inglés perfecto (en gran medida gracias a su obsesión de la infancia por Eminem y los

Rolling Stones), así que casi siempre empleábamos ese idioma. Pero al final llegué a un punto en que insistí en que hablásemos mucho más en castellano. Iba a hacer una inmersión total, aunque esto requiriese niveles sobrehumanos de paciencia por su parte.

También salía en televisión. Entrevistas, interpretaciones y una sección fija en *Late motiv*, con Andreu Buenafuente, en la que hablaba de mi vida, tocaba el piano, comentaba cosas. Todo en inglés, con un traductor a mi lado. Me sentía humillado e hice lo único que se me ocurrió: sumergirme en el idioma como un loco. Con mis amigos pasé a hablar solo castellano, leía libros en voz alta, compré *Sin noticias de Gurb*, la edición española de *Harry Potter* y también me la leí; compré otros tomos de poesía y relato breve, con inglés a la derecha y español a la izquierda. Tardaba horas en acabar unas pocas páginas, pero poco a poco las cosas empezaron a mejorar. Cada visita a Buenafuente me parecía más gestionable en lo referente a la lengua. Andreu me lo puso muy fácil. Tenía gran inventiva y consideraba el programa algo tan divertido que era imposible no pasárselo bien. Me traía comida increíble para que la probase en directo, intentaba que dijera trabalenguas delante del público, robaba fotos de mi cuenta de Instagram para reírse. Todo de un modo muy amistoso y cariñoso. De hecho, todo el equipo de *Late motiv* figuraba entre los más profesionales con que me había cruzado en mi vida. Todo iba como la seda. Andreu y yo nos fumábamos unos pitillos a escondidas en mi camerino, me decía amablemente que lo estaba haciendo fenomenal y que no tenía nada de qué preocuparme. La cuestión era que el público y él se reían conmigo, no de mí, cuando me equivocaba con el idioma. De nuevo, me sentía parte de un equipo, no un marginado.

Capítulo 12

En 2016, antes de venir a España, había tocado en un montón de ciudades del país y, en cada concierto, presentaba las piezas que iba a interpretar y pasaba unos minutos poniéndolas un poco en contexto. Siempre lo hacía en inglés. Lo curioso es que casi todo el mundo me entendía sin problemas. A pesar de lo que muchos me han asegurado aquí (siempre minimizan sus capacidades), según mi experiencia los españoles hablan un buen inglés. Toqué en San Sebastián y recuerdo con claridad ciertas charlas preciosas con varias personas en este idioma, después del concierto. Lo mismo en Barcelona: no sé muy bien por qué, pero en el transcurso de pocos meses tuve la suerte de intervenir en el Festival Primera Persona, en el Sónar, en el Festival de Jazz de la sala Barts y en el Palau de la Música, y no me pareció que el inglés fuese un problema. Pero quería mejorar. Quería honrar al país en el que había elegido vivir hablando su lengua. Poco a poco, comencé a mezclar un poco de español y de inglés. A lo largo de los meses siguientes pasé de utilizar el inglés en un 80 por ciento y el castellano en un 20 por ciento, a hacer lo contrario y, al fin, después de un par de años, a comunicarme al cien por cien en castellano (*maomeno*).

La sensación era increíble. Estar en el escenario, interpretando música genial y hablando en lo que, para mí, es una lengua mucho más musical que el inglés tenía todo el sentido y, tras cada concierto, me sentía un poco orgulloso de mí mismo por haber memorizado no solo cien mil notas, sino también sus buenos quince minutos de palabras en un nuevo idioma. En el orden correcto.

Además, estaba tocando en una grandísima variedad de sitios: festivales de rock, de música electrónica, de música clásica, literarios. Teatros, estadios al aire libre, salas de concierto, clubes de jazz...

Merece la pena explicar un poco esta situación porque, en fin, refleja hasta cierto punto por qué España se ha convertido en una parte esencial de aquello a lo que me dedico, no solo como pianista, sino también como escritor. La música es un lenguaje que todos conocemos con fluidez al nacer y es, en cierto sentido, mi primera lengua. Y quedó claro que muchas personas que habían leído el libro no sabían demasiado de música clásica, pero que ahora empezaban a explorarla un poco. Gran parte de mi público lo formaban gentes que habían leído el libro y después habían querido escucharme al piano, no al revés, lo cual me pareció un privilegio increíble. Desde que me enamoré de este instrumento, hace tantísimos años, no he visto la música clásica como el coto privado de los ricos y los más instruidos, los banqueros y los abogados de empresas. Me parecía obvio hasta decir basta que la música era de todo el mundo, por más que muchas personas de la industria y del público típico de la música clásica la considerasen de su propiedad. La música encajaba naturalmente con toda la humanidad. Era de lo más pura, impalpable, íntegra, genuina e inspiradora, divina y estimulante. De lo más humana.

No obstante, en el Reino Unido existía una tremenda resistencia a esta idea. Por algún motivo, te estabas «vendiendo» si tu meta era ofrecer la música a todos o compartirla con ellos. Podías ser un Yevgeni Kisin y tocar en un Royal Albert Hall con todo vendido, sin decir palabra y siempre con esmoquin; o dedicarte a la fusión, ser un fracasado en lo clásico, que utiliza máquinas de humo y baterías sampleadas, el hazmerreír de los defensores de la música clásica «de verdad». Pero en España todo este esnobismo, todas estas gilipolleces extemporáneas, casi brillaban por su ausencia.

Es verdad que, a medida que fui haciéndome más conocido e involucrándome en política (después volveré a este tema), recibí una cantidad no desdeñable de críticas de este calibre. Los motivos puede que fueran un tanto hipócritas. Pero, al menos al principio, mi experiencia de tocar en España fue maravillosa de principio a fin. Públicos abiertos de mente y de corazón dondequiera que fuese. Por eso, al repasar aquellos meses en Barcelona —donde había tocado en un festival de literatura y rock; luego en el

Sónar, el mayor festival de música electrónica del mundo; en otro de jazz y, por último, en el Palau, una de las salas más puramente clásicas e impresionantes del mundo—, la experiencia me demostraba sin asomo de duda que la música, el gran amor de mi vida, era bienvenida en este país se tocase donde se tocase. Las facciones que tan visibles eran en el Reino Unido no lo eran tanto aquí. Existían, desde luego, como en todos los países, pero en mucho menor grado.

Di un concierto en Zaragoza y tuve la misma vivencia amable. Una abrumadora mayoría del público no había estado en un concierto clásico en su vida y no sabía ni le importaba (con toda la razón) cuántos movimientos hay en una típica sonata de Beethoven ni cuál es la relación entre las armonías tónica y dominante. Se preocupaban por lo esencial. Sentir las cosas. Huir del mundo de las formas, quedarse flotando en el éter y hallar consuelo en música creada hace doscientos años por un compositor chalado y desquiciado por el dolor y la pobreza, la rabia y la desesperación. El combustible con el que yo había estado décadas funcionando.

También toqué en Valencia. Pasó lo mismo. Con la diferencia de que en aquella ocasión descubrí lo que era una paella de verdad. Y el socarrat. Y mirad, es que hostia puta. Desde luego, no tiene NADA que ver con lo que Jamie Oliver nos cuenta. Ni una rodaja de chorizo a la vista. En Murcia, otro tanto. Bilbao, Málaga, Cartagena, Alicante, Sant Cugat, El Escorial: parecidos. Brazos abiertos, mentes abiertas, cariño, sensación de pertenencia, sonrisas, abrazos, respeto. Todo aquello que tanto me había costado darme a mí mismo me lo brindaban amistosos desconocidos.

Toda la vida he sentido la maniática e intensa vocación de compartir la música con los demás. De pequeño grababa casetes y se las pasaba a otros niños del colegio. No de los Clash, The Police o The Cure, sino de Ivo Pogorelich, Vladímir Hórowitz, Glenn Gould. Me miraban raro y a veces me daban de hostias, pero no me importaba, porque a nivel celular sabía que esta música era algo en lo que podía confiar sin ninguna duda y que había que compartirla. Por eso, llegar y tocar en un país nuevo siendo un visitante, un invitado, conocer nuevos públicos, rostros amables, salas atestadas de personas de entre siete y setenta años y, encima, experimentar una cultura completamente nueva..., bueno, pues eso abrió de par en par mi pequeña y exhausta mente. ¿Es de extrañar que quisiera vivir aquí, escapar lo más deprisa posible de la ciénaga infecta, maloliente, esnob, estrecha de miras, moralizante, anticuada y cara que es Londres, y que apareciera, guiñando los ojos, bajo el cálido sol de Madrid?

Una semana después, vino mi hijo de Estados Unidos a quedarse en casa por primera vez. Fue increíble. Fui a Barajas a recogerlo. El tipo que lo acompañaba en el avión (viajaba solo como menor) me reconoció, me había oído tocar y no se lo podía creer. Para gran perplejidad pero reticente admiración de mi hijo, el hombre me pidió una foto. Y yo por fin me había anotado un tanto delante de mi hijo adolescente.

El tiempo le pareció lo más. Tampoco se podía creer que los restaurantes no estuvieran abiertos de verdad hasta las nueve de la noche. Ni que su viejo y raro padre tuviera fans. (En un primer momento le desconcertó que la gente me parara por la calle y me pidiera una foto. Pero no tardó en encontrarlo divertido, empezó a decir cosas en plan: «No le pidas solo una foto, espera, que te doy su teléfono: se muere de ganas de hacer amigos y no le diría que no a una cita, eso seguro», solo para hacerme pasar vergüenza.)

No le parecía que yo mereciera verdaderamente tanta atención, pues, tal como me dijo, «Papá, tú solo tocas versiones de gente muerta, no deberías ser famoso», y ahí tuve que darle la razón. Pero noté que se sentía algo orgulloso. También le resultó increíble que se le animara activamente a dar una cabezada por las tardes y a quedarse despierto hasta medianoche o la una de la madrugada. Se lo pasó fenomenal. Se produjo una conexión instantánea, auténtica y preciosa entre Mica y él («Papá, está claro que la que mola en vuestra relación es ella»). Y me sentí aún más agradecido de estar aquí, de poder ofrecerle una semana extraordinaria de sol, comida estupenda, cultura y relajación en vez de la habitual semana de mierda, bulliciosa y lluviosa en Londres.

Advertí asimismo algo muy importante. España, solo por existir, estaba rebajando mis niveles tóxicos de vergüenza a algo más manejable. Algo quizá rayano en la aceptación. Cuando, después de pasarte la vida escondiéndote y sintiéndote un monstruo, de repente ves que te aceptan y te quieren, la imagen negativa que tenías de ti mismo se lleva una buena hostia. Se te hace cada vez más difícil sentirte como el mayor truño de la tierra. En aquella época, aquí la prensa aún me trataba bien. Los públicos eran supercariñosos y entusiastas. Por la calle, los desconocidos se mostraban generosos, cariñosos, comprensivos. Hasta la mafia de las redes sociales, por lo general, se comportaba de manera buena y decente.

Pero hasta yo sabía que todo eso no podía durar. Lo más potente y estupendo, sin embargo, es que sabía que lo verdaderamente importante, lo fundamental, duraría siempre. Era de esperar que la prensa acabara por criticarme (bueno, al menos la de derechas). Era de esperar que ciertos anónimos partidarios de Vox empezaran a decirme por Twitter que me volviera a mi país echando leches; vamos, es que no serían buenos fascistas de otro modo. Pero mi vivencia cara a cara, real, genuina y amorosa de España y de su gente siempre, siempre ha sido la misma: una tremenda y generosa sensación de que me abrazaban, de que me sostenían.

Estaba viviendo mi período de luna de miel. Mi vida estaba llena de viajes, de conciertos por todo el país en los que tocaba enormes y preciosos pianos, y conocía a gente extraordinaria mientras iba progresando sin prisa pero sin pausa con el idioma.

Sin embargo, seguía existiendo un mundo fuera de España y, poco después de la visita de mi hijo, tuve que abandonar mi nuevo refugio. Estuve tres semanas viajando por Edimburgo, Hamburgo y México, y, aunque los conciertos estuvieron bien, pasé momentos estupendos con Denis y la aventura y los lugares nuevos me motivaron, fue una tortura. Una auténtica conmoción, la verdad. Cuando mi avión despegó de Madrid, noté algo que no había sentido desde cuando tenía que dejar a mi hijo pequeño en casa para ir al trabajo, en Londres, quince años antes: un vacío y una tristeza que amenazaban con apoderarse completamente de mí. Era aterrador. Como si me hubieran dado las llaves de la libertad y después, sin previo aviso, me las hubiesen arrancado. Una sensación visceral de una tremenda intensidad, que parecía que no podía controlar. Fue en aquel momento cuando supe a ciencia cierta que España era mi hogar de verdad. No podía discutir, rechazar ni racionalizar ese tipo de sentimientos. Quisiera o no, y creedme si os digo que lo quería, por fin había encontrado mi lugar en el mundo.

Esas semanas en que estuve tocando en la Filarmónica del Elba (la sala de conciertos de Hamburgo, futurista, extraordinaria que costó OCHOCIENTOS MILLONES de euros), dando conciertos y explorando Monterrey, Ciudad de México, Querétaro, y paseando por un Edimburgo (milagrosamente) soleado, se vieron empañadas por la sombra de una nostalgia que me dejó para el arrastre. Morriña, que dirían en

Galicia. Quería volver a casa, quedarme en ella y no marcharme nunca de nuevo.

De acuerdo con la psicoterapia, la importancia y el impacto de nuestros estilos de apego pueden determinar o modelar el vínculo que vamos a establecer con otros (personas, sitios y cosas) en la vida adulta. Los cuatro estilos que se han definido son los siguientes: el evitativo, el ambivalente, el desorganizado y el seguro. Los tres primeros son el pan de cada día para mi psique. El último es el patrón oro de los modelos de apego. Básicamente, si de pequeño estás a punto de alejarte a la carrera de tu madre en un parque, lo que quieres es saber que te está protegiendo, así que la pones a prueba a lo bestia. Corres y la miras para cerciorarte de que te está mirando, de que no está ocupada mirando todo el rato el móvil o charlando con desconocidos. Cuanto más te alejas sabiendo que te está mirando, más libre y seguro te sientes para explorar. Gracias a esa experiencia de «seguridad», la persona puede construir una «base segura» a partir de la cual explorar el mundo en general.

Yo nunca había experimentado esa seguridad. Entraba en pánico o disociaba. Me largaba, me cagaba, huía a esconderme. O eso hacía hasta entonces. Madrid era la madre que siempre había querido. Estaba presente. Y me protegía.

Regresé a la ciudad con la sensación de un niño que lleva un año sin ver a su progenitora y que al fin vuelve a su lado. No solo me sentía completamente en casa en España, sino que además se había convertido en mi pilar. Mi lugar de protección en un mundo al revés. Mi base segura.

Esto también era nuevo para mí. Por definición, en mi trabajo hay que viajar. Mucho. Cientos de horas de avión al año. Tras volver de México, tuve como una semana para cargar las pilas en Madrid antes de ir a Portugal. Luxemburgo. Alemania. Londres. Bristol. Otra semana en Madrid. A continuación, Oporto. Lisboa. Medellín, Bogotá, de nuevo Londres, Madrid, Buenos Aires. Tengo más de un millón de Avios de los cojones. Aquello era un ciclo desquiciado de *jet lag*, adrenalina, nervios, estrés, belleza, pánico. Todo se fundía en una sola cosa. Pero nunca olvidé mi pilar. Algo me esperaba con paciencia. Ese consuelo, el inmenso alivio de saber que cuando acabara todo, por agotado que estuviera, por mucha presión que sintiera, acabaría volviendo a casa, en Madrid, me salvó la vida. Eso lo era todo para mí. Estaba en el escenario, tocando a Beethoven o Chopin y, mientras lo hacía, dejaba que mi mente volara con la música y veía mi casa, mis sitios preferidos, mis calles favoritas, y yo ponía la banda sonora de la mejor película que quepa imaginar.

Capítulo 13

A principios de 2018 ya casi me sentía español del todo. Más seguro con el idioma, con más amigos, entregado a una rutina más estable. Una noche, demasiado excitado para dormir y enfermo por culpa de un viaje reciente a Londres, escribí a las dos de la madrugada una carta de agradecimiento a España. Sentía la necesidad imperiosa de pronunciar unas palabras de gratitud y de intentar expresar lo mucho que este país significaba para mí.

Y es que, hasta entonces, nunca había entendido del todo el concepto de «hogar». Aparte de lo vinculado a un sitio donde dormir y estar a cubierto, el término nunca había tenido demasiado sentido para mí. Supongo que me había pasado media vida huyendo. En general de mí mismo o de los desastres que había provocado. Pero nueve meses antes por fin había dejado de huir y me había instalado en Madrid. Había encontrado un hogar. Y había descubierto el verdadero significado de la palabra.

Una cosa es tener la suerte de conocer el Madrid que ofrece el mundo del Prado, el Thyssen y el Reina Sofía. Poder escaparse a la hora de la comida para ir a ver el *Guernica* y después hacer un picnic en el Retiro, visitar el Palacio Real y tomarse una caña en la plaza Mayor. Pero otra muy distinta es enamorarse de la Cava Baja o la calle del Espíritu Santo (vías que quizá parezcan normales a los madrileños, pero que para mí están llenas de magia). O notar que la gente se pasea tan tranquila (imposible en Londres) o espera a que el semáforo se ponga en verde (no lo había visto en la vida). Contar las numerosas parejas mayores que van por la calle de la mano. Sonreír al contemplar la majestuosidad de Serrano, donde una chaqueta puede costar lo mismo que un coche. Asistir a una obra increíble en El Pavón Teatro Kamikaze. Picar unas croquetas que literalmente pueden cambiarte la vida en el restaurante Santerra. Reírte de lo buenos que están los cruasanes del Café Comercial. Presenciar cómo los profesionales de *Sálvame* analizan el lenguaje corporal de Letizia frente a un público embelesado.

Las diferencias entre este país y el Reino Unido son incontables. Escribí la carta en la cama, mientras me sentía fatal después de un viaje de tres días al Reino Unido en el que había pillado la gripe del Brexit. Al llegar a Madrid, llamé a Adeslas. Una hora después un médico se presentó en mi casa y me recetó antibióticos. Aquí pago treinta y cinco euros al mes por el seguro médico (puede parecer un lujo, pero, además de que es un requisito legal para los extranjeros y para que me concedan un NIE, lo necesito por mis operaciones de espalda pasadas). En

Londres pagaba diez veces más, y aun así las visitas a domicilio costaban unos doscientos euros.

A lo mejor no me creéis, pero no miento al decir que aquí todo es mejor: los trenes, el metro, los taxistas, la amabilidad de los desconocidos, el ritmo de vida sosegado; la inventiva alarmante, por cierto, que demostráis al insultaros; el delicioso idioma («quisquilloso», «rifirrafe», «ñaca-ñaca», «sollozo», «zurdo» o «tiquismiquis», que podría ser mi apodo; vuestro diccionario, como hemos visto, es el equivalente verbal de Chopin); la cantidad de fumadores empedernidos que hay, como decididos a hacerles un orgulloso corte de mangas a todos los médicos y los gilipollas moralistas de Los Ángeles; la cordialidad del vive y deja vivir; la limpieza y la generosidad de todo; el premio a la croqueta del año; el respeto que os inspiran los libros, el arte, la música; el tiempo que dedicáis a la familia y al descanso, a las cosas que importan.

Impresiona también la cantidad de gente con talento que se llama Javier: Bardem, Cámara, Calvo, Ambrossi, Manquillo, Del Pino, Marías, Perianes, Navarrete, entre muchos otros. (Adivinad cómo voy a llamar a mi próximo hijo.)

España inventó la siesta y aun así se trabaja más horas en este país que en casi cualquier otro de Europa.

He conocido a extraños en el metro con los que he acabado interpretando a Beethoven, abuelas que me han hecho torrijas y me han hablado de cuando tocaban el piano, pacientes de psiquiátrico cuya valentía me ha dejado flipado, a un chaval que toca el piano muchísimo mejor que yo a su edad y a quien tuve la suerte de darle unas clases gratis. Hasta *Despacito* suena de puta madre en el metro a las ocho y media de la mañana si la toca al acordeón un anciano que sonríe; y cuando miro a los demás pasajeros me doy cuenta de que es una sonrisa muy contagiosa. Me he tirado horas en el Carrefour de Peñalver abrumado por los colores, los sabores, los olores y la frescura de los productos. He visto tomates del tamaño de un balón de fútbol en la frutería de mi calle. He recibido postres de una vecina que, en lugar de quejarse por el ruido de mi piano, me lo agradecía. He descubierto las natillas.

Y así podría seguir.

Aquí hay un montón de cosas buenas, a menudo ocultas. He sido testigo de la extraordinaria labor que llevan a cabo algunas organizaciones como la Fundación Manantial, Save the Children, la Fundación Vicki Bernadet, Plan International y tantas otras, grandes y pequeñas, con el fin de aliviar parte del dolor que hay en el mundo sin pedir elogios, premios ni agradecimientos.

Con todo, hay problemas. Cómo no iba a haberlos. Un ejemplo son las leyes en materia de agresión sexual (vistas en el caso de La Manada); son leyes pésimas, insultantes e inhumanas que, desde luego, tienen que cambiar. También hay drogas, indigencia, trata de personas, abusos, recortes en sanidad. No hablemos ya de la corrupción en el poder. Están los políticos (en serio: ¿por qué no dejamos que Manuela Carmena, la superabuela, se encargue de España unos años y la arregle?). Se ven los males que azotan a la humanidad desde tiempos inmemoriales. Pero esas cosas no han hecho de España una nación insensible, fría, desagradable y cerrada como en tantos otros casos. Al contrario, la han vuelto más abierta; han sacado a la luz un poco de la pureza y de la bondad que hay en el mundo; y, joder, estoy muy orgulloso de ser una figura diminuta y solitaria que deambula por este país asombrado ante su vitalidad colectiva.

En 2018, estuve en Ibiza, Sitges, Sevilla, Granada, la Costa Brava, Cuenca, Vigo, Vitoria, Zaragoza y en muchos otros sitios increíbles. Desde entonces, he visitado docenas de ciudades más. Soy un extranjero, un huésped y, como anglosajón, no creo que tenga el derecho de hablar de política, pero lo que sí puedo decir es que en Barcelona, Gijón, Madrid, Santiago o Girona, en todas partes, siempre me he encontrado con lo mismo: cariño, hospitalidad, sonrisas, generosidad. Sin duda, hay muchas gastronomías: la paella valenciana es la única de verdad y lo mismo pasa con los churros de Madrid y el salmorejo de Andalucía, mientras que casi cualquier cosa que te lleves a la boca en San Sebastián será lo mejor que pruebes. Los acentos cambian (Andalucía, lo siento, pero no entiendo ni jota de lo que dicen tus habitantes; la culpa es toda mía). Pero en todas partes se encuentra el mismo gran corazón, la misma dedicación al trabajo, los mismos abrazos, la misma simpatía enorme.

Me encanta este país. Para mí, está en lo más alto. Metafórica y literalmente. Antes nunca miraba hacia arriba; caminaba con la vista clavada en la acera o el móvil. Aquí en España lo miro todo con asombro. Os miro a vosotros y vuestra belleza me ciega. Ahora sí miro hacia arriba. Porque me siento a salvo. Y visible. Y apoyado. Y bienvenido. Hace poco estuve en Londres y fui a visitar a Billy, mi psiquiatra. Me dijo que hace diez años dudaba de mi supervivencia y que incluso diez meses antes de que me mudara a Madrid estaba seria y legítimamente preocupado por mi bienestar. Pero añadió que jamás me había visto tan bien como ahora. Y ¿sabéis una cosa? La razón es en buena parte España.

Y habrá quien me diga que quizá la gente me trata distinto porque he tenido un poco de éxito profesional, porque a veces me alojo en hoteles bonitos y ceno en buenos restaurantes. Pero no creo que eso sea del todo así.

Hace mucho tiempo (demasiado), cuando era muy pequeño, veraneábamos todos los años en Mallorca. En agosto pasábamos un par de semanas en un apartamentito de mierda que daba a la playa de Peguera. Aunque a veces ocurrían cosas espantosas dentro, hasta el día de hoy recuerdo que aquellas semanas de vacaciones constituían el respiro más seguro, perfecto e increíble de mi infancia. Equivalían a alejarme de la zona en guerra que era mi vida en Londres: violenta, monocromática, dominada por las violaciones. Y durante un breve período de tiempo, con ocho o nueve años, pude comprar tabaco (un paquete de Fortuna por pocas pesetas) en la tiendecita que Pedro tenía en la playa. Pude beber Rioja tibio (dos veces gracias, Pedro), contemplar las estrellas, bañarme en el mar, convencer de vez en cuando al propietario de alguna lancha para que me llevara a hacer esquí acuático, disfrutar del sol y, sobre todo, de la sensación de estar a salvo, protegido. Más de treinta años después, España me sigue brindando lo mismo. Y nunca podré expresarle toda mi gratitud.

Escribí la carta, se la mandé a mi editor y le pedí que se la propusiera a *El País*. Tardaron unas semanas en contestar, acabaron diciendo que no la veían para ellos y que no pensaban que fuera a ser bien recibida. Me pareció una pena, porque tenía muchísimas ganas de dar las gracias en público. Le pedí a Jan que insistiera una vez más; respondieron que se plantearían sacarla en internet si tanto lo quería, pero que no la publicarían en papel. Me pareció estupendo. Lo hicieron. Para mi gran alegría, y para su tremenda sorpresa, al cabo de unas horas se había convertido en el artículo más leído y compartido del día, luego del mes y después de todo el año.

Había tratado de expresar la admiración y el amor profundos que me inspira mi nuevo hogar, lo que me había cambiado la vida; quienes vivían en él ahora estaban leyendo esas palabras. Había hallado un modo de darles las gracias a muchos de ellos y decidí que, aunque me llevara el resto de mi vida, debía encontrar la manera de seguir demostrando mi gratitud. Con música, escritura, tiempo, energía e incluso, pobre de mí, involucrándome en política: todo lo que se me ocurriera con tal de liquidar la enorme deuda que había contraído.

Para mi sorpresa (en su momento, no tanto ahora), aunque parecía que a muchas personas les había conmovido lo que había escrito, apareció un número inquietante (al menos para mí) de personas que estaban más que dispuestas a decirme cuánto me equivocaba.

Con el tiempo, el mensaje se fue extendiendo, haciéndose más descarado y confundiéndome como nunca. Muchísimos españoles expresaban con hostilidad y en unas críticas tremendas la absoluta certeza de que, en realidad, su país era un sitio de mierda. Parecía que existía la convicción casi cultural de que todo lo que yo veía de bueno en este maravilloso país era, en realidad, un error.

Hasta cierto punto lo entiendo. Intento ponerme en su posición: imagino qué pasaría si un español, un músico mediocre con buenas intenciones y un dominio lamentable del idioma llegase a Londres, se enamorase y se dedicase a decirle a todo el Reino Unido que su país es lo mejor que le ha pasado en la vida. Bueno, para ser sincero, yo reaccionaría con incredulidad. No sé si me enfadaría con él, pero pensaría que se la había ido un poquito la olla.

Recibí un montón de comentarios, que iban desde «Espera un año y ya verás» a «vuélvete a la puta Inglaterra». Por cada mensaje precioso de personas que me agradecían haber redescubierto cosas de su país que habían perdido de vista o que daban por supuestas, recibí otros en que me llamaban ingenuo, idiota, ciego, perturbado. Algunos periodistas pidieron que me deportaran y aseguraron que era un farsante. Ciertos individuos meneaban la cabeza con tristeza ante mí, como si dijeran: «Pobrecillo, estás desquiciado».

Era desconcertante. Aquí tenía mi lugar seguro, el hogar que me había faltado toda la vida y, sin embargo, mucha gente no quería oírlo. Ahora que llevo aquí más tiempo, me doy cuenta de que quizá veía a España de color de rosa. Existen problemas de los que no tenía conciencia en 2018 y que, por ende, no me revolvían las tripas como ahora.

Para empezar, la situación económica. En Londres, el sueldo medio es de cuarenta y un mil euros al año. En España, de diecinueve mil. Aunque el coste de vida es significativamente superior allí, sigue habiendo una disparidad inmensa. El abismo entre los ricos y los pobres se da en todas partes, pero en España es quizá más marcado.

También existen problemas culturales muy enraizados en el ámbito del sexismo y la violencia contra las mujeres, algo francamente sorprendente que me recuerda más a la Edad de Piedra que al siglo XXI. El machismo que veo todos los días en la tele, la prensa, las calles, internet, por todas partes, es una barbaridad. Más todavía por cuanto, con frecuencia, parece ser inconsciente, como si estuviera arraigado en el alma de España.

Aquí existe un enfrentamiento, parecido al de la grieta argentina, que, si bien al principio escapaba a mi atención, me resulta cada vez más evidente cuanto más tiempo llevo aquí. Es una especie de lucha por la supervivencia que solo se nota cuando vives aquí y te empapas de la cultura y del país. Esa imagen para turistas de playas de arena y sangría, aceite de oliva y siestas, oculta algo mucho más doloroso y, como en la sonrisa forzada y superficial de un niño infeliz que posa para una foto, sigue habiendo muchísimo dolor en España. No cabe duda de que las heridas aún recientes de Franco y la Guerra Civil todavía se están cerrando, con lentitud, y las secuelas de una dictadura tan brutal es algo que no puedo entender porque no la he vivido. Pero lo que sucedió en esa época, el nacionalismo, el devastador impacto económico, el control de los medios de comunicación, la violencia inmensa, la ruptura de vínculos con el comercio internacional, el terrorismo de Estado, el lavado de cerebro, la corrupción y la división regional dejaron una sombra que se sigue proyectando sobre la política de España y sobre su gente.

Lo que realmente me despertó de mi ingenuidad fue la política. La dicotomía absoluta y cruda entre izquierda y derecha, que parece extremarse cada semana, es un toque de atención que no quise ver. Me da la impresión de que lo que subyace a esta división es algo que guarda un alarmante parecido con lo que llevó a Gran Bretaña a tirarse por el precipicio del Brexit. Rabia, miedo, una sensación de impotencia.

Solo descubrí esta dura realidad cuando, quizá de forma tonta, me metí en cuestiones políticas. No fue idea mía. No era algo que quisiera hacer. Ni siquiera me correspondía a mí dedicarme a eso, siendo extranjero. Y no se lo recomendaría a nadie. Pero lo hice porque, en última instancia, sentí que no tenía elección. Además, mi empeño buscaba poner a prueba el grado de realidad de mi amor por España. ¿Se trataba en verdad de un enamoramiento infantil, una reacción a la tristeza y el dolor de vivir en Londres, o de algo real, duradero, incondicional?

ILUSO
Capítulo 14

Y ahora viene la parte del libro en la que hablo de política. Y de políticos. En la que debo ocuparme de los aluviones de mierda que son producto de la estupidez y la manipulación políticas. Uno de los mejores consejos que me dieron hace muchos muchos años fue el de preguntarme: «¿Hace falta decir esto?», «¿Hace falta que lo diga yo?», «¿Hace falta que lo diga justo ahora?». Si la respuesta a esas tres preguntas es afirmativa (cosa que casi nunca sucede), sigue adelante. Bueno, pues ahora tengo tres síes rotundos.

Porque esto realmente hay que decirlo.

Todo empezó con los niños. En los periódicos y en los telediarios, todas las semanas me enteraba de un caso más de abusos sexuales. Niños violados, prostituidos, sometidos a indecibles actos de violencia por familiares, profesores, sacerdotes, entrenadores, desconocidos. Y leía sobre la aparente impunidad con que actuaban los abusadores. Así descubrí que, aunque trece profesores de los maristas habían confesado haber abusado de niños y haberlos violado, solo uno de los trece iría a juicio, porque los otros delitos habían prescrito y los doce restantes seguirían en libertad. Además, al violador al que sí se podía juzgar solo lo podrían acusar de cuatro cargos, en vez de los diecisiete que se le imputaban.

Descubrí que la mitad de los actos de violencia sexual denunciados a la policía en este país se han cometido contra un menor. La mitad.

Lo que es aún más desesperante, la prensa informa de estos casos sin darles mayor importancia. Como si fueran inevitables y como si la justicia fuese algo que simplemente no atañe a los niños. Las informaciones aparecían con una regularidad tan inquietante que, por lo visto, se aceptaban. Era lo normal.

A todas las víctimas de violación les pasa: siempre que algo recuerda el trauma, que aparece un desencadenante, se produce una reacción instantánea, automática, en el cuerpo y la mente. Y no es agradable. Sin querer, casi todos los días leía o veía las noticias y me entraban ganas de vomitar, sufría una disociación o me echaba a llorar cada vez que surgía otro caso de violencia infantil.

Me reuní con el director de Save the Children, Andrés Conde. Confirmó mis temores: por algún motivo, los niños de España, sus derechos, sus almas, su autonomía, eran en gran medida invisibles.

A esas alturas ya tenía la suerte de contar con una especie de megáfono. Hablaba con frecuencia en radio y televisión, más gente de la que jamás tendría derecho a esperar leían mis libros y artículos y venían a mis conciertos, y yo sentía que me prestaban atención por primera vez en…, bueno, en toda la vida. Así que le escribí una carta al presidente del Gobierno, Pedro Sánchez. Pero se la escribí en *El País*, a manera de carta abierta. Lo hice así en parte porque me parecía que, por la vía privada, jamás obtendría una respuesta útil, y en parte porque estaba tan furioso, tan acongojado, que quería poner mi granito de arena para concienciar a la gente sobre la situación actual en el país que yo tanto quería. Quizá hubo un punto de manipulación, ideada para forzar una respuesta, pero me pareció que la cuestión de la seguridad infantil era lo bastante importante para justificarla.

Escribí lo siguiente:

Apreciado señor Sánchez:

Llevo más de un año viviendo en España. Para mí, este país es mi casa; me he enamorado completamente de él, hasta la médula. Pago impuestos aquí, intento contribuir de manera productiva y mi deseo es que, en algunos años, me haya ganado (y elijo esta palabra con intención) el derecho a ser ciudadano de este maravilloso, generoso, fantástico y bonito país.

Cuando usted fue nombrado presidente del Gobierno y eligió un Consejo de Ministros integrado en sus dos terceras partes por mujeres, me pareció que teníamos un nuevo mandatario con una mentalidad más abierta en muchos temas. Por eso le escribo esta carta.

Tenemos un grave problema. Y tiene que ver con su sistema judicial y con el trato que da a los menores. Quiero que sepa que hablo con conocimiento de causa: de niño me violaron repetidamente. Los años ochenta fueron una gran época para los pederastas: aunque los adultos veían que sangraba, lloraba y me ponía histérico, me enviaban de vuelta a los brazos (piernas, mejor dicho) de mi violador. Una y otra vez. Esa gente que tenía puestos de responsabilidad sabía que algo malo pasaba, pero nadie hacía nada y, de nuevo, me mandaban junto a él. Durante cinco largos años.

Todavía estoy pagando el precio de haber tenido esa infancia. También mis seres queridos. Tengo prótesis de metal en la espalda, resultado de las tres operaciones a las que tuve que someterme para intentar reparar el daño que me habían causado las agresiones sexuales. He intentado suicidarme demasiadas veces y me he pasado también demasiados meses en instituciones psiquiátricas. He probado todos los medicamentos que las grandes farmacéuticas han tenido a bien inventar, he destruido relaciones, me he autolesionado con rabia y he hecho todo lo que se me ha pasado por la cabeza para intentar detener ese zumbido incansable y violento que me retumba en la cabeza. Desde que vivo en Madrid, ese zumbido se ha convertido al fin, milagrosamente, en un rumor lejano la mayor parte del tiempo que estoy despierto. Lo que quizá explique por qué este país significa tanto para mí. Pero cuando veo en las noticias que hay tantísimos fracasos en la protección de los derechos de los niños, de consecuencias catastróficas, no puedo evitar sentir náuseas.

He aceptado que nunca se haga justicia por lo que me pasó (mi violador murió antes del juicio). Pero también me he prometido a mí mismo que si alguna vez tenía frente a mí un altavoz, por pequeño que fuera, lo usaría para hablar de este tema. Y por eso le escribo esta carta. Aquí, en España, me siento afortunado. Puedo hablar de ello en la Cadena SER y comentarlo con Buenafuente en la televisión o en las entrevistas de los periódicos. Puedo darles copias de mi libro *Instrumental* a todos los jueces del país, porque explica claramente qué secuelas tienen los abusos. Pero, al final, todo acabará cayendo en saco roto. La única persona que puede cambiar las cosas de verdad ahora mismo es usted.

Tengo ante mis ojos unas hojas con miles de palabras, enviadas por Save the Children España, que harán que se le salten las lágrimas. Aquí tiene algunos ejemplos:

Aunque el 70 % de las víctimas infantiles diga que avisó a un adulto de lo que pasaba, solo el 15 % de los casos se denunció a la policía. De ese 15 %, el 70 % nunca llegó a juicio.

El proceso judicial dura como promedio tres años; en algunos casos se llega a los cinco. El abuso sexual dura como promedio cuatro años.

En el 86 % de los casos, el menor tiene que declarar en sesiones plenarias, en juicios a puerta abierta, delante de tres jueces y también del presunto autor de los hechos.

En España, solo cinco de sus diecisiete comunidades autónomas prestan un servicio universal gratuito a las víctimas infantiles de los abusos sexuales. En el caso más tristemente célebre de España, el de los maristas, de las diecisiete acusaciones que hay contra Benítez, el autor confeso, trece han prescrito. ¿Cómo puede ser que no vaya a ser juzgado por todos estos crímenes cometidos? Además, ¿qué ha fallado tan estrepitosamente para que durante más de treinta años un profesor pudiera abusar de sus alumnos sin que nadie lo denunciara?

Podría seguir y seguir...

Sé que usted leerá esta carta. Y sé que en la política y en la ley las cosas van despacio. Pero también sé que si entrara en una habitación y sorprendiera a alguien violando a un niño, no se movería con lentitud. Le sorprendería ver que uno es capaz de actuar con muchísima rapidez. Y de soltar un puñetazo la hostia de fuerte. Estoy aquí para decirle, para prometerle, para asegurarle que, aunque en este momento no vea con sus propios ojos cómo violan a un niño, está sucediendo ahora mismo. Cuando usted lea esto, estará pasando. Siempre está pasando. Y necesito que actúe rápido.

Me han sugerido (en Twitter, claro) que, como soy anglosajón, un huésped de este país, mejor «no me meta en política». Pero esto no tiene que ver con la política, sino con la humanidad. El sistema creado específicamente para proteger a los más vulnerables se ha roto y ya no sirve.

Estoy seguro de que este asunto no es nuevo para usted; que ya tiene una idea de lo que quiere conseguir y de cómo va a hacerlo. Yo solo quiero ayudar. Me gustaría, junto con Andrés Conde, director general de Save the Children España, reunirme con usted un par de horas y ayudarle a lograr que España sea un lugar más seguro para sus niños y niñas. Sabemos lo que hace falta: lo más urgente es una formación obligatoria, unos protocolos y una reforma profunda del proceso judicial para que en los casos de abuso sexual infantil se respeten de verdad los derechos del niño y también sus necesidades particulares: que haya juzgados específicos, con jueces preparados y juicios rápidos para que el menor declare solo una vez, en privado, con la presunción de que está diciendo la verdad. Cuando se trate de niños, hay que dejar de distinguir por ley entre abuso y agresión: siempre es agresión.

Quiero que apruebe una nueva ley que erradique la violencia contra los menores y adolescentes, y que se centre especialmente en las medidas preventivas, tal y como le ha sugerido en dos ocasiones el Comité de los Derechos del Niño de las Naciones Unidas al Gobierno de España.

El Mundo publicó hace poco un artículo que decía que «a Rhodes lo violaron repetidamente durante su infancia y Bach lo salvó, pero ni siquiera esa experiencia límite lo convirtió en un músico excepcional». Y, aunque quizá suene raro, por desgracia es verdad. No soy para nada un músico excepcional. Pero creo que sí puedo ser un recurso excepcional para usted y su equipo en la tarea de cambiar las cosas a mejor de forma permanente para los niños y niñas de este país. Por favor, contésteme, veámonos y pongámonos manos a la obra.

Lo anterior se publicó el viernes 3 de agosto de 2018. Ese día daba un concierto en El Escorial, uno de los sitios más espirituales en los que he estado, donde se encuentra el mayor monasterio del mundo, a treinta minutos de Madrid en coche. Resulta que los días de concierto sigo una rutina muy concreta. En ese sentido, soy raro y obsesivo. Me preocupa tanto no tener energía suficiente para aguantar noventa minutos solo en el escenario y tocar tan bien como me gustaría, que me despierto lo más tarde posible y siempre me echo una siesta después de comer. Tengo un día lo más tranquilo que puedo y siempre llego a la sala muy pronto para probar el piano, ajustar las luces y el sonido, y, en general, aclimatarme antes de salir al escenario.

Total, que son las nueve de la mañana del viernes y estoy profundamente dormido cuando me suena el timbre. Sin despertar del todo, decido no hacer caso. Pero vuelve a sonar. Y una tercera vez. Voy a la puerta arrastrando los pies, abro y me encuentro con Andrés, el director de Save the Children. Está superemocionado, me pide mil disculpas y me dice que Sánchez lo ha llamado esa mañana y que quiere verme en la Moncloa para hablar de mi carta. Añade que ha esperado hasta las nueve porque no quería despertarme demasiado temprano. Sabe lo importante que es esto: su ONG llevaba años intentando reunirse en privado con el Gobierno para tratar el tema de la protección de la infancia.

Lo que me impresionó fue que Sánchez no quisiera prensa ni fotógrafos. Estaríamos él, los ministros de Justicia y Sanidad, Andrés y yo; nadie más. Nos pedía que llegásemos a las cinco de la tarde. Pero, en fin, yo tenía el concierto, una prueba de sonido, el ensayo y todo el resto. Así que, después de entrar un poco en pánico y de calcular el tiempo mínimo que me haría falta para llegar a El Escorial, contesté que podía quedar a las cuatro. Puede parecer un poco insolente, pero no podía anular un concierto con todo vendido, ni siquiera por el presidente.

Sánchez accedió e intenté aliviar la doble presión que sentía por reunirme con la máxima autoridad de España y dar un concierto.

Aquello se alejaba muchísimo de mi rutina habitual. Pasé la mañana ensayando al piano en casa y preparando lo que iba a decirle al presidente. En realidad, estaba muy claro; lo esencial era: «En este país es una puta pena cómo se trata a los niños y cómo se los desprotege; arréglelo, por favor». Tampoco era tan complicado. Ya teníamos un plan que, sin ser perfecto, era, en fin, lo más a perfecto que iba a poder ser.

Por fortuna, sus predecesores del PP, junto con Save the Children, ya habían trazado el esquema básico de una nueva ley orgánica pensada en concreto para la protección de los niños. Mi cometido era conseguir que el actual presidente se comprometiera a llevar esa ley al Congreso para que se aprobase. No suena muy complicado, ¿no? Teníamos un borrador de ley esperando. Se había redactado en colaboración con abogados, médicos y profesionales de muchos sectores distintos. No costaría mucho dinero ponerla en práctica. Sería tremendamente eficaz y convertiría a España (esta es mi parte favorita) en el país número uno del mundo en lo referente a la protección infantil. El número uno del MUNDO. Todos los demás países se fijarían en España, se preguntarían cómo lo habían conseguido y si podían imitarlo. España sería una referencia global en esta cuestión. Se produciría un cambio total: pasaría de ser uno de los peores países del mundo desarrollado en este ámbito a ser el mejor con un solo movimiento.

La ley está específicamente pensada para dar a los niños la dignidad que se les ha arrebatado. Por ejemplo, en lugar de declarar tres o cuatro veces en una audiencia pública, en la que a menudo los interrogarían o tendrían que testificar delante del acusado de violación, solo lo harían una vez, a puerta cerrada, frente a un juez con conocimientos especiales de cómo tratar a las víctimas infantiles de abuso sexual. Un método humano, amable y compasivo para una víctima de violencia sexual.

También se aborda la cuestión de cuándo prescribe el delito. En vez de prescribir pocos años después de que la víctima cumpla los dieciocho, este período empezará cuando cumpla los treinta y podrá durar hasta quince años. Intenté con denuedo que la prescripción se eliminara del todo, pero resultó ser completamente imposible por prolijas y complicadísimas razones legales. No obstante, la actual es una propuesta muy sólida que da a las víctimas de estos delitos mucho más tiempo para procesarlos, curarse y decidir si quieren o no contarlo y presentar una demanda.

La nueva ley también obligará a los que ocupan un puesto de autoridad a denunciar las sospechas de abuso. Las autoridades y los ciudadanos tendrán la obligación legal de comunicar cualquier caso de violencia. No hacen falta pruebas de dicha violencia; el más leve atisbo hará necesario que se informe a las autoridades públicas. Se reformará de forma drástica el sistema educativo de este país en materia de formación de profesores, protocolos, educación sexual y espacios seguros. Se llegará a las familias y se las apoyará y educará en cuestiones de abuso sexual infantil. Lo mismo con el sistema de salud y los profesionales de la medicina. El sistema judicial acogerá una profunda reforma no solo en las sentencias, sino también en el fomento de formación especializada de jueces, fiscales, psicólogos forenses, etcétera; se garantizará la evaluación de las necesidades individuales y las circunstancias de las víctimas, así como su acceso a los servicios de tratamiento y rehabilitación orientados al abuso infantil: estas medidas terminarán, de una vez por todas, con la revictimización de los niños en los tribunales.

Además, se harán importantes esfuerzos para crear y promover una concienciación pública. En resumidas cuentas: esta ley revolucionará la protección de la infancia en España. Los niños dejarán de ser invisibles y vulnerables para estar protegidos, ser escuchados y apoyados.

En la práctica, esta ley es la puta hostia.

Por eso mismo, no debería ser una petición tan difícil. Aunque los niños no puedan votar ni tengan dinero, Sánchez es padre, es un ser humano. Por televisión y en las entrevistas parecía decente e íntegro, a mí al menos.

Cuando nos reunimos aquel día, mi impresión de que era un buen hombre se reforzó. Escuchó todo lo que dijimos, tomó notas, atendió a nuestras preocupaciones, se mostró de acuerdo y, al final, me prometió que se pondrían manos a la obra. Parecía que su humanidad era auténtica. Que era un hombre centrado, bueno, decente. Por supuesto, sé que dar siempre esa impresión forma parte de su trabajo. Pero cuesta fingirla de cerca.

La verdad, estuve un poco descarado. Sabía que iba mal de tiempo y que, para llegar a El Escorial a la hora de la prueba de sonido, tenía que marcharme como tarde a las cinco y cuarto, que ya era estirar demasiado las cosas. En un día normal de concierto, a esas alturas ya estaría ensayando en la sala. Así que estaba nervioso y un poco angustiado. El tiempo seguía corriendo, todo el mundo hablaba, daba explicaciones, planteaba preguntas, se iba por las ramas y yo cada vez me ponía más de los nervios. No sé qué pasa en las reuniones con más de dos personas, pero todo el mundo siente la necesidad de complicar lo sencillo y de proponer sus ideas aunque no tengan nada que ver con el tema principal.

Por fin, a las cinco y veinte lo interrumpí. Al presidente. Ya lo sé. Se produjo una especie de silencio de asombro, como si nunca hubiera pasado nada semejante y no estuviera claro el protocolo. Le solté: «Mire, no es un tema complicado. Lo siento. Sé que las cosas se suelen hacer al revés y que es usted quien termina las reuniones, pero tengo que llegar a un concierto y la cuestión es muy sencilla: usted es padre, le hemos dado las estadísticas, la ley está lista para aplicarse, lo único que quiero que me diga es que se va a comprometer al cien por cien a llevar esta ley al Congreso y aprobarla. No hace falta que compliquemos el tema ni que le demos demasiadas vueltas. Tenemos el dinero, la voluntad, las ideas son robustas y los expertos han pasado meses perfilándolas. Por favor, ¿nos podría decir aquí y ahora que se encargará de hacer lo que le pido?».

Me miró a los ojos, esbozó una sonrisa y contestó: «Desde luego. Se lo prometo». Sonreí y respondí: «Chimpún, cabroncete». Entonces me dio un abrazo.

Como un idiota, lo creí.

Capítulo 15

Fue en ese momento, justo entonces, cuando mi luna de miel con España empezó a agriarse. Pasaron dos cosas bien diferenciadas: me di cuenta de que los políticos, todos ellos, incluso los que presentan unas palabras y un aspecto estupendos, no son de fiar. Y mi madre enfermó. Pero de verdad. Se abría un nuevo capítulo de mi vida e ignoraba que me resultaría casi imposible sobrellevarlo.

La familia es algo raro en todas partes. Al menos espero que no haya sido solo mi caso, joder. Los Rhodes nunca hemos estado muy unidos. Hay facciones, grupos, intrigas, negación, vergüenza, dinámicas de poder, divorcios, enfermedad, alcoholismo, trastornos mentales, todos los ingredientes necesarios para que nuestra reunión anual en Navidades sea variada y divertida. Desde muy pequeño, nada me ha motivado a formar parte de la raza humana y menos aún de mi familia. No sentía pertenencia. No percibía confianza, cariño y, a veces, ni siquiera que me cuidasen. Aislamiento. De nuevo. Esa sensación fue aumentando cada vez más hasta que, al final, solo quedaron unas conversaciones cortísimas por teléfono con uno de mis hermanos, cero contacto con mi padre (llevamos más de una década distanciados; no es un buen hombre), reuniones muy de vez en cuando con los parientes lejanos (en las bodas y fiestas a las que tenía que ir) y una relación muy malsana pero estrecha con mi madre. La verdad es que no sé si esta situación es producto de lo que me pasó de niño en el colegio o si yo ya estaba genéticamente predispuesto a sentirme ajeno y lejano. Creo que al final da un poco igual. Somos como somos: algunas personas, de carácter supersociable, mantienen relaciones sin esfuerzo, entablan conversaciones profundas y sinceras con sus seres queridos, carecen de secretos, y todo fluye. Otros, como yo y quizá como algunos de vosotros, sentimos un recelo innato, nos resulta incomodísimo que nos miren y siempre preferimos el aislamiento y la tranquilidad a la compañía de más de una persona. Quizá, como me pasa a mí, pensar en las reuniones familiares, en la regresión al comportamiento de la infancia y en las dinámicas inherentemente disfuncionales asociadas a ella supone para vosotros una clase particular de tortura.

Siempre me he sentido más seguro a solas, la verdad. Sin embargo, desde pequeño, estuve muy unido, demasiado, a mi madre. No me malinterpretéis. La quiero. Con toda mi alma. La quiero muchísimo. Pero era un ser humano que arrastraba daños emocionales enormes. Más que la mayoría.

Cuando estuve en hospitales psiquiátricos, corté todo contacto con ella; llegamos a estar más de un año sin hablar. Por fortuna, eso había cambiado, pero, aunque intentaba poner más límites que de costumbre (un par de llamadas a la semana, una cita cara a cara una vez por semana), era imposible. Mi madre, que en paz descanse, era un agujero negro que por lo visto absorbía todo contacto humano sin cansarse jamás. Llamadas de teléfono tres o cuatro veces al día, un sinfín de mensajes de texto, una necesidad insaciable de comprobar que yo estaba presente, que todo iba bien, que seguía ahí. Siempre había sido de ese modo. Que alguien no detecte los (muy visibles) signos del abuso infantil, que no haga nada al respecto, pero que al mismo tiempo mantenga una intimidad asfixiante y, desde luego, inapropiada conmigo es algo que siempre me dejará perplejo. Hacía tiempo que había llegado al punto en que estar con ella más de treinta segundos me daba ganas de tirarme por la ventana. O, normalmente, de un coche en movimiento que ella conducía. De su boca salía un constante y frenético torrente de chorradas sin ningún filtro, ningún respeto por el espacio personal, ningún indicio de que fuese consciente de la existencia ajena. Se trataba de su lado más agotador, frustrante y difícil. Era una mujer a quien habían acosado toda la vida y a quien los hombres de su entorno siempre le habían dicho qué hacer; a quien, a pesar de su mente aguda y brillante, no le habían permitido ir a la universidad ni dedicarse a ninguna profesión; a quien habían casado a los veinte años con un sociópata narcisista y habían obligado a tener hijos y tragarse pastillas de Valium como si fueran caramelos. De manera que esos hijos se convirtieron en todo su mundo, claro. En concreto, se centró en mí. Porque, triste pero cierto, fui su predilecto desde el primer día. Y ser el epicentro de su mundo a largo plazo fue tan destructivo para mí como si me hubiera rechazado completamente y me hubiera abandonado en la puerta de un desconocido metido en una puta caja.

Yo no lo pedí. No exigí ninguna atención especial. No obstante, para aquella mujer con tantas carencias en su vida y en su mente, y con tanto vacío, yo era la respuesta a todo.

Por eso, la relación era complicada. Aquello en lo que me había fallado por completo en mi infancia intentó y logró compensármelo cuando yo ya era adulto, y eso tiene mucho mérito. Aunque casi nunca hablábamos de mi pasado, ella reconocía sin ambages que se había mostrado desatenta, irresponsable, distraída; que había sido, en sus palabras, una «mierda de madre». Y eso no importaría tanto si se refiriese a que, de vez en cuando, había faltado comida casera o a que ella había perdido la paciencia con un niño pequeño entregado a una rabieta. Pero sí que importa cuando implica que, durante casi cinco años, un gigante cuarenta años mayor que tú se dedica repetidamente a follarte por el culo mientras el mundo sigue girando como si no pasara nada, y, de manera consciente o inconsciente, tu madre continúa en un estado de bendita ignorancia.

Una parte de mí siente que, en cierto modo, ella siempre lo supo. Y que su sensación de culpa era tal que, desde que dejé aquel colegio, destrozado, ensangrentado, lleno de tics y dividido en varias personalidades, se pasó la vida aferrándose a mí con todas sus fuerzas. Pero era demasiado tarde, claro. Empecé a convivir de manera más o menos funcional con nuestra relación, como hacen muchos hijos con sus padres. Por un lado, estaba el mundo real de mi preadolescencia y adolescencia en el que yo follaba, me colocaba, bebía, me masturbaba, me autolesionaba, me aislaba y me entregaba a una cándida confusión. Y por otro estaba mi mundo tal y como lo veía ella y de cuya existencia yo trataba de convencerla por todos los medios: vivía feliz, tranquilo, apreciado, satisfecho. Ella debía convencerse de que yo era así para sobrevivir.

De un modo u otro, se había convertido en mi responsabilidad mitigar su culpa respecto a algo que nunca podíamos comentar ni reconocer. Era un equilibrio precario e incómodo que cada vez costaba más mantener. Más aún porque tanto ella como yo arrastrábamos muchos traumas. Yo, completamente alienado de cualquier realidad, funcionaba con una especie de piloto automático de guerrilla. Ella, absolutamente incapaz de abandonar los límites de su atronadora mente, no distinguía ningún mundo fuera de su lúgubre realidad interior. Era una relación basada al cien por cien en la negación. La mayor propiciadora del abuso infantil. Negación y vergüenza. Nunca debíamos hablar de ello, jamás.

Estuvimos décadas dedicándonos a esta danza. En cierto modo, los dos sabíamos que las cosas eran muy diferentes a como fingíamos que habían sido, pero la realidad de nuestros mundos era demasiado inmensa para abordarla; por tanto, procurábamos hacer todo lo posible por dejar las cosas como estaban.

Solo muy de vez en cuando yo intentaba abrirme paso. Una vez en que me dejaron hacer una llamada aislada desde un psiquiátrico, tras el enésimo intento de suicidio, le dije, mientras me corrían las lágrimas por la cara, que desde los seis años me había sentido incapaz de tener una relación sincera con ella, aunque me moría de ganas de hablarle con franqueza. Me colgó.

De nuevo, España salió a mi rescate en este aspecto.

En este país a las madres se les profesa un respeto que yo rara vez había visto. Se las venera, admira, escucha. Las relaciones familiares que he presenciado personalmente en España parecen muy muy reales. Son abiertas y respetuosas; a los niños se los trata con respeto y a los padres también. Se habla sin ambages de las cosas. No existen tantos secretos. Justo lo contrario de mi crianza. Ese era otro de los motivos por los que España me aplacaba de una forma tan perfecta: se había convertido en una madre para mí.

Imagino que para eso está un hogar. Debería representar e inspirar lo mismo que representa e inspira una madre. Un hogar debería equivaler a seguridad, confianza, consuelo, apoyo, calor; ser un sitio en el que puedes encerrarte y sentirte en paz, un descanso del mundo exterior. Como un abrazo de tu madre. Mi casa nunca fue así hasta que llegué a España, donde, gracias a un milagro del que estaré agradecido hasta el día de mi muerte, sentí todo eso. ¿Puede un país asumir el papel de un progenitor? A mí, desde luego, me lo pareció. Me alimentó, me brindó amor y apoyo; hizo que me sintiera menos solo, más visible, válido y a salvo. Me dio todo aquello que tantísimo había echado en falta de pequeño y que aún hoy, al pensarlo, me llena los ojos de lágrimas y me provoca una oleada de sentimientos.

Mi relación con mi nueva madre sustituta iba viento en popa. La que mantenía con mi madre de verdad estaba estancada y en punto muerto; era una pantomima. Pero eso estaba a punto de cambiar de la peor de las maneras posibles.

DOLOR
Capítulo 16

En agosto de 2018 iba camino de Sitges a dar un concierto cuando me llamó mi madre. Se había hecho una revisión rutinaria y los médicos le habían descubierto algo malo en la sangre. No malo en plan «tómese un paracetamol y dentro de unos días estará bien», sino en el sentido de decir: «Puede usted probar con un trasplante de células madre, con lo que tendría un 50 por ciento de probabilidades de sobrevivir, o no hacer nada y morir en seis meses».

Como cuando nació mi hijo, aquel momento fue definitorio para mí. Uno de los pocos que no se olvidan en la vida. Con mi hijo, recuerdo con gran claridad el alivio que me invadió al sentir un amor tan intenso, abrumador e inmenso. Todo el mundo me había dicho que, cuando eres padre, el corazón prácticamente te explota con un amor que nunca habías creído posible, y una parte de mí pensaba que yo era una especie de máquina sociópata y rota que no podría sentir algo así. Por tanto, cuando nació, el alivio de saber que, sin duda ninguna, me pondría delante de un coche para salvarlo, fue enorme. Yo era humano, después de todo. Era capaz de albergar amor incondicional, eso desde luego.

Sin embargo, también recuerdo haber sentido con mucha nitidez, durante un montonazo de años, que me daría igual si moría algún miembro de mi familia que no fuera mi hijo. Me creía indiferente a la pérdida de un familiar. Tan paralizado que la emoción no podía rozarme. Cuando mi madre me llamó para contarme lo de su diagnóstico, viví un momento similar al ocurrido cuando nació mi niño. Una oleada de emociones. Se apoderó de mí algo muy real, muy profundo, innato y biológico. Algo en mi interior se rompió y desde detrás surgieron una ola tras otra de sentimientos. Amor, perdón, pánico, miedo, dolor, intimidad.

Cogí el primer avión a Londres que encontré. Fui directo a su casa y me senté a su lado. La situación era lúgubre. El trasplante de células madre planteaba muchos riesgos, era muy doloroso y, de forma inevitable, acarrearía años de complicaciones, dolor y enfermedad, aunque mi madre sobreviviera a la operación. Si se negaba y decidía vivir esos seis meses, bueno, pues tendría tiempo suficiente para despedirse, sin preocuparse de camas de hospital y cirugías experimentales, y salir en paz de este mundo.

Pero mi madre era una luchadora. Toda la energía, la concentración mal dirigida y la ambición sin consumar de sus sesenta y ocho años salieron a primer plano y dijo: «A la mierda, voy a pelear». Para ser una persona con tanto miedo al mundo, en aquella ocasión se mostró sorprendente e inexplicablemente valiente. Y durante el breve período en que las circunstancias le arrancaron la careta tuvimos muchas conversaciones y al fin me dijo verdades. Que la había cagado en la vida, que era una madre malísima (cosa que, para mí, no era cierta; ninguna madre es perfecta), pero que se consolaba un poco al ver que mis hermanos y yo habíamos acabado saliendo adelante.

Pasé casi tres meses en Londres; anulé todos mis conciertos, los viajes y el trabajo, y me dediqué a llevarla al hospital todos los días. Aquello fue, como era de esperar, espantoso. Y empeoró aún más cuando llegó el momento del trasplante. Antes se sometió a varias semanas de quimioterapia. Su sistema inmunitario quedó completamente destruido, ella acabó encogida, como una niña, sin defensas, resignada. El trasplante fue brutal. Invadieron, violaron y arrasaron su cuerpo de arriba abajo. Pasó doce días en la UCI, conectada a máquinas, en un momento con un pronóstico de vida de menos de veinticuatro horas, y, luego, emprendió misteriosamente la lenta lucha cuesta arriba por volver a una especie de vida. Sobrevivió. Contra toda probabilidad. La llevaron de vuelta a la unidad de hematología del hospital. Poco a poco fue recobrando algo de fuerza. De forma comprensible, se le fue la pinza. Quiero decir que nunca había estado tan puñeteramente loca. Pánico, horror, terror. Una noche me presenté en el hospital a las tres de la madrugada porque ella había sufrido una recaída y la volvieron a meter a toda prisa en la

UCI. Cuando llegué, parecía un animal enjaulado, herido. Su mirada no se parecía a nada que hubiera visto antes. Se había cagado encima, chillaba y lloraba, gemía, hacía ruidos desconocidos para mí, su camisón dejaba al descubierto partes sucias de su cuerpo que ningún hijo debería ver. Le faltaba el aire.

Menos mal que existe el Lorazepam intravenoso.

Un especialista se sentó a mi lado y me pidió que me preparara para el final. Según él, iba a morir al cabo de tres o cuatro días. Esos días llegaron y pasaron. No sé cómo, pero ella seguía viva. Por los pelos, agónica, pero peleando y sin rendirse. Mandando a la mierda al enemigo de su interior.

Fue una época de una atrocidad incesante. Cambiar los papeles de progenitor e hijo siempre produce una disonancia antinatural. Y la amenaza inminente y muy real de la muerte verdaderamente borra las gilipolleces superfluas de nuestra vida. Vi a mi madre tal como era de verdad: bajo la fachada y las tonterías, quizá como todos nosotros, una niña aterrorizada, sola, asustada. La grieta de mi corazón se abrió un poco más. ¿De verdad esperaba que un ser humano tan frágil pudiese haber criado a tres niños, haberlos protegido y atendido? Sé que eso es lo que hacen las madres, en teoría. A eso se dedican. Pero siempre hay excepciones. Me iría mucho mejor poder echarle la culpa del 90 por ciento de mis problemas, pero la verdad es que son míos. De nadie más. Y la responsabilidad de arreglarlos también es completamente mía.

Me estaba enfrentando a cosas de muy adulto y haciéndolo en Londres (puaj), lejos de mi familia y amigos verdaderos, de mi novia y de mi amada santidad madrileña. Nunca he caminado tanto bajo la lluvia, nunca he gastado tanto dinero en sándwiches de mierda. Estuve semanas bien aislado en mi minúsculo apartamento, volviéndome loco lentamente, o bien en el antiséptico vacío del hospital lavado con lejía, en compañía de la loca que me había dado a luz, hablándole, consolándola, alimentándola y escuchándola.

Pasó un par de semanas estable, aunque con dolor, y tras varias conversaciones con ella y con el equipo médico decidí, por mi propia cordura, dar algunos conciertos solo en España, donde nunca estaba a más de unas pocas horas de su cama. Debía encontrar algún contrapeso a ese infierno, aunque implicase un horario de viajes insoportable. Y mereció la pena.

Toqué en Sevilla, Pamplona, Cuenca, Valencia. Recuerdos increíbles. Una exposición de Bill Viola en Cuenca; un momento de recogimiento en la catedral de Sevilla, sin duda construida por Dios en persona; uno de los mejores hoteles en los que he estado en mi vida, en Pamplona (el Alma); una paella en Casa Carmela, en Valencia, que habría que inmortalizar. Cada viaje, cada AVE, cada vuelo de Iberia, cada gazpacho, cortado, afinador, «hola», abrazo, firma de libros, llegada a un hotel equilibraba de forma positiva el horror de Londres y de una madre agonizante. Pero después de cada concierto volvía enseguida a Londres para estar cerca de ella.

El peor momento llegó cuando le empezó a fallar el corazón. El trasplante, la quimio y los medicamentos habían pasado tal factura que, uno a uno, sus órganos iban dejando de funcionar. Los riñones. El hígado. El corazón. Su especialista me llevó a una sala tranquila y me pidió, otra vez, que me preparara. Afirmó que al día siguiente estaría muerta. Y esta vez lo decía en serio. Me eché a llorar. Un llanto imparable. Caminé de un lado a otro en una especie de estado de fuga. Intenté procesarlo, pero no fui capaz.

En el hospital, un centro de excelencia del Servicio Nacional de Salud y hospital universitario, con un personal sumamente dedicado, consiguieron que le aprobasen como última esperanza un nuevo medicamento alemán que costaba un ojo de la cara y que nunca se había usado en casos como el suyo, pero que era una especie de avemaría médico. La última oportunidad, pero de verdad. Se había creado para poner en marcha el corazón y básicamente obligarlo a funcionar durante veinticuatro horas, con independencia de su estado. Como al arrancar un coche con pinzas.

Ocho horas más tarde llegó la hora de la verdad. Le hicieron un electrocardiograma y otras pruebas, y entonces, con cara de perplejidad, me dijeron que la máquina se había roto porque las constantes casi habían vuelto a la normalidad y eso no podía ser en un período tan corto. Se disculparon, volvieron a confirmar que le quedaban algunas horas de vida y se pusieron a esperar la llegada de otra máquina para repetir las pruebas y corroborar que seguía jodida.

Una hora después, con la máquina nueva, los mismos resultados. Su corazón funcionaba normalmente. El medicamento, de ocho mil libras la dosis, había cumplido con su cometido a la perfección. El corazón se había visto obligado a latir de nuevo con normalidad, lo que había permitido que los otros órganos empezaran a repararse, había aliviado la presión extrema que sufría su cuerpo y había hecho que ella empezase a mejorar. Parecía un milagro. Todo el equipo médico se quedó perplejo, por cierto. Pero no se lo cuestionaron mucho. Joder, qué aliviados estábamos todos.

El proceso llevó un tiempo, pero, finalmente, tras semanas y semanas de hospital, el trasplante se consideró un éxito y la dejaron irse a casa. Mi madre estaba recuperando las fuerzas, comía un poco más y engordó algo, lo que le hacía mucha falta. Le comenzó a crecer el pelo de nuevo. Las cosas casi parecían haber vuelto a la normalidad. Yo iba y venía entre Madrid y Londres, daba conciertos como siempre y hablaba con ella todos los días, dos veces. Pero aquellas conversaciones eran mucho más humanas que las de antes. Los dos sentíamos una conexión nueva, una profundidad nueva en nuestra relación. Como si ambos supiéramos que el tiempo se acababa, que aquello debía suceder en ese momento y que no habría más oportunidades.

Incluso se disculpó por lo que me había pasado de pequeño en el colegio. Era la primera vez que hablábamos explícitamente del tema, mucho o poco. Me dijo que jamás podría perdonarse por haberme dejado en ese colegio con aquel monstruo. Que en aquel entonces era jovencísima, muy ingenua, no tenía conciencia de nada y no estaba preparada para ser madre. Que lo había hecho lo mejor posible, aunque hubiera sido de puta pena, y que, al mirarme ahora, no podía estar más orgullosa de la persona en que me había convertido. Como disculpa tal vez no era gran cosa, pero la acepté felizmente. Lo estaba dando todo. Y la verdad es que era una locura echarle la culpa de lo que me había pasado. Sí, claro que me habría encantado tener con mi madre una relación en la que ella hubiese detectado las señales evidentísimas del abuso sexual a un niño, que me hubiera sacado del colegio y que le hubiera dado una paliza de la hostia al tío aquel. Y que, aunque no lo hubiera hecho, yo hubiese podido abrir la boca y contarle lo que me pasaba. Pero, sencillamente, aquella no había sido mi realidad. Por el motivo que fuera. Igual que muchos otros, mi violador me había convencido, so pena de muerte, de que mantuviera cerrada mi húmeda boquita. Mi madre no tenía ni puta idea de que existía un mundo fuera de su cabecita agotada, neurótica y llena de pájaros. No es que no quisiera impedir lo que me estaba pasando; es que sencillamente no podía. Y como no podía permitirse ver lo que estaba pasando, justificaba, negaba e ignoraba todos los indicios visibles de angustia. Vivía en una bendita ignorancia del mundo real porque era necesario para ella. Por eso no podíamos tener una relación satisfactoria, de verdad. Hasta que un día, a mis cuarenta y tres años (más vale tarde que nunca), la tuvimos.

La amenaza de la muerte nos acercó. Menudo tópico. A medida que fue recobrando las fuerzas, incluso a salir de casa para dar algún que otro paseo, yo, a instancias suyas, volví a España y a cierta normalidad. Incluso pasé dos semanas sin salir de Madrid ni una vez. Quizá por primera vez desde mi llegada a España, estuve más de una semana en el mismo sitio. Hice un curso de español y me dieron un certificado en el que ponía que había llegado al nivel A2. Al gordito que vive en mí le pareció apenas una medalla por haber participado en una actividad deportiva, pero me dio igual. La vida era una maravilla: piano por las mañanas, escuela por las tardes, siempre los trayectos a pie, ir a cafeterías, todo en mi ciudad. Hacía los deberes, aprendía verbos, cometía errores, se reían de mí, lograba cosas preciosas en un nuevo idioma, hablaba a menudo con mi madre y mantenía conversaciones de verdad con ella.

Volví a Londres en Navidad porque iba a venir mi hijo, y para él era importante pasar tiempo con una abuela que, aunque ya no corría un peligro inminente, se iba a morir al cabo de pocos años. Eso hicimos. Fue una maravilla. Sabes que no lo has hecho del todo mal cuando tu hijo muestra una empatía auténtica, natural y muy arraigada. Creamos recuerdos.

Unos recuerdos bellísimos. Pasamos horas y horas con mi madre. Estuvo bien. Más que bien. Y regresé a Madrid a tiempo para Nochevieja y también a tiempo para descubrir que podía llegar a comerme doce uvas en un minuto, una frase que jamás pensé que llegaría a escribir.

Menuda tradición. En el Reino Unido, en esa noche bebemos para olvidar el año anterior, buscamos pelea, lloramos y nos ponemos histéricos. Aquí, con cada campanada de medianoche nos comemos una uva. Lo hice por primera vez en casa de Tamar, con un grupo de amigos; recuerdo que miré a mi alrededor, a todas las personas que tanto se divertían y que tan amables se mostraban, que traslucían tanto cariño auténtico, tanto amor, y pensé: «Esta es mi puta vida ahora y no quiero que termine». A pesar de mi madre agonizante, de la presencia de sentimientos nuevos, inciertos y abrumadores, y del miedo de quedarme sin ella, la Nochevieja de 2018 fue, en realidad, una ocasión maravillosa. Porque me sostenían. Me apoyaban. Me sujetaba el país que yo tanto quería.

En vez de buscar un consuelo en mi madre, lo hallé en mi país. En grandes cantidades. Detalles nimios: las sonrisas espontáneas y las palabras amables de desconocidos en la calle. Los taxistas que me decían que estaban aprendiendo a tocar el piano gracias a mi libro (uno de ellos llegó a parar el coche, tras lo cual abrió el maletero y me enseñó docenas de partituras que se estaba aprendiendo), o que ahora escuchaban música clásica por mi programa de radio en la SER. Los miles de mensajes que abarrotaban mi buzón de Instagram o que me llegaban por mi página web, en los que me daban las gracias y me decían que España era mejor si yo formaba parte de ella. Los periódicos locales de Galicia o el País Vasco en los que celebraban mis conciertos en sus ciudades.

De vez en cuando…, bueno, con una frecuencia mayor a medida que iba pasando el tiempo, aparecía algo infame en las redes sociales. Un tuit en el que se me decía que me volviera a mi puto país y que les dejara España a los españoles. Pero, sin que yo contestara nada, surgía un torrente de respuestas de absolutos desconocidos que le pedían a esa persona que lo dejase. Algo precioso. Yo era el niño al que siempre elegían el último en los deportes de equipo. El que se sentía aislado y solo. El que creía que debía luchar por sobrevivir solo. Y, de pronto, me parecía que todo un país me protegía. Nunca había sentido nada semejante.

¿He mencionado lo agradecido que estoy de vivir en España? ¿Lo he recalcado bastante? No sé cómo hacerlo mejor. Escribo este libro en mi mesa, en mi apartamento de Madrid. A escasa distancia hay un piano de cola Steinway, enorme y majestuoso. Detrás del piano, en mi televisor se ven las noticias, en las que cinco «expertos» hablan a la vez (a grito pelado, la verdad), y no sé cómo, pero todo encaja, al igual que en un quinteto de Mozart. Hay una terraza que parece un invernadero, aun en invierno, porque la luz le empieza a dar a las ocho de la mañana y no desaparece hasta la noche. Cuando me siento en ella a fumar y pensar, contemplo una zona llamada Vallehermoso (por Dios, qué nombre tan apropiado). Enfrente no hay edificios, solo espacio. Flota una sensación de paz que la ciudad ha instalado en mi interior, a nivel celular. El sol entra a raudales por la ventana que tengo delante, por doquier hay luz (literal y metafórica), las cosas no podían ser más distintas de como eran hace tres años en Londres. Pasar del aislamiento a la pertenencia ha sido un viaje más fácil de lo que jamás habría pensado. Al principio tuve que armarme de mucho valor y dar un salto a ciegas a lo desconocido, sin red de seguridad; pero de esa pirueta inicial ha surgido algo milagroso. Caí felizmente en brazos de España y ella me ha alentado, protegido, sostenido y mantenido. La verdad es que lo necesitaba. Porque, desde luego, el mundo sigue girando, a veces la geografía da igual, la vida mantiene su curso. Y algunos idiotas se meten en política sin tener ni puta idea de cuáles van a ser las consecuencias.

Capítulo 17

En Inglaterra nunca me metí en política, más allá de alguna que otra discusión por Twitter o alguna ruidosa expresión de rechazo. Una vez, es cierto, me enzarcé con Boris Johnson por su intención de destinar CUATROCIENTOS MILLONES de libras a una nueva sala de conciertos (otra más) en Londres, mientras que la educación musical del país estaba hecha unos zorros. Compartíamos un escenario en un evento benéfico en el que cada uno dio un discurso. Él alabó la nueva sala y yo dejé claro, delante de todo el mundo, que no necesitábamos otra y que el dinero que se le destinaría podría proporcionar una educación musical muchísimo mejor durante bastantes años. No le hizo ninguna gracia. Y cruzamos unas palabras en privado. Pero, en general, mis intervenciones eran bastante discretas. Sin embargo, tras reunirme con Sánchez y comprometerme con el intento de cambiar las cosas en España, apareció un nuevo mundo sobre el que quizá tendría que haber reflexionado más largamente.

Recuerdo muy bien lo que pasó después de mi primera reunión con el presidente en la Moncloa.

Comprendí que había conseguido para Save the Children algo que ellos llevaban años tratando de lograr por todos los medios: un encuentro cara a cara con el hombre más poderoso del país, que había declarado en público y en privado que iba a mejorar las cosas en materia de seguridad infantil. En los días posteriores a la reunión recibí mucho apoyo, muchos ofrecimientos de ayuda, pero también un sorprendente torrente de hostilidad dirigida a mi persona. Era la primera vez que España se descargaba conmigo. No lo hacían una cantidad enorme de personas, pero sí muchísimas más de las que antes habían reaccionado negativamente a mí. Y eso me asombró un montón. Era una reacción que no me esperaba cuando empecé a escribir y hablar con más asiduidad sobre los sufrimientos de los niños en este increíble país.

Por lo visto, una cosa era que un extranjero llegara a España y cantara sus alabanzas, y otra muy distinta que se instalara y participara en cuestiones políticas. Pero estaba claro, al menos para mí, que la protección de la infancia no era un asunto político, sino humanitario. Empecé a ver indicios de que las cosas no iban a ser fáciles justo después de la publicación de mi carta abierta a Sánchez y de nuestra primera reunión. La prensa de derechas cambió el tono y pasó a la ofensiva; un alud de comentarios empezó a aparecer en las redes sociales; me escribían abogados y médicos para decirme que aquí no había ningún problema, que los niños no corrían peligro alguno, que yo nunca había pisado un tribunal en este país y que cerrara la puta boca. Era una especie de negación general del problema vinculado a la seguridad infantil. Demasiados mensajes en plan: «Dedícate al piano y no te metas en ningún otro tema, hostia», «Preocúpate de los asuntos de tu país»; tantos que no podría contarlos. Me hace gracia sobre todo la idea que mucha gente parecía tener de que, si eres músico, se te prohíbe albergar cualquier opinión sobre todo lo que no sea la música. Se oía un vozarrón colectivo que decía: «No hables de esto, no te metas». Era la misma práctica tóxica de la negación que afecta a las familias, pero a nivel nacional.

Para entonces me atizaban de forma regular. Y se me antojaba raro, porque había decidido no manifestar tendencias políticas: no me identificaba con ningún partido a excepción del que llamaría el Partido de los Niños. Daba la impresión de que estaba vinculado al PSOE porque, en fin, ellos eran los que gobernaban y por eso me había reunido y había hablado con ellos en un primer momento. No me quedaba otra, por cierto. Si el PP hubiera estado en el poder, habría hecho lo mismo con Casado. También con Ciudadanos. Coño, hasta habría agasajado a Abascal, el mindundi más desagradable de la Tierra, si con eso hubiera conseguido que se aprobara la ley.

Después de mi reunión con Sánchez debía tomar una decisión: podía desentenderme tranquilamente del tema, tras haber hecho algo útil, y dejar que en Save the Children siguieran adelante solos para conseguir que se aprobara la ley. Podía agachar la cabeza, centrarme en el piano y dejar de hablar del abuso infantil, dejar de reunirme con políticos, dejar de luchar por un cambio por el que nadie en el mundo debería tener que hacerlo. Mi vida sería muchísimo menos complicada. Más sencilla. Más fácil de gestionar. Más sosegada y centrada. Más segura. Había logrado que Save the Children entrara en la Moncloa, había iniciado un diálogo con los políticos y la prensa, había fomentado el debate sobre el tema y había creado conciencia. Me parecía que eso quizá bastaba. Podía permitirme dirigir mi atención a mi carrera, mi pareja, mi vida.

Pero se lo propuse a Andrés, de Save the Children, lo conversamos y la conclusión fue que, la verdad, me necesitaban. Si había alguna posibilidad, querían que siguiera, que luchara con ellos. Para bien o para mal, el meollo de la charla fue que un semifamoso con un altavoz podía ser de gran ayuda en aquella batalla y contribuir enormemente a lo que las increíbles ONG trataban de conseguir. Así pues, con inquietud y determinación, sentí que la única decisión posible era seguir adelante. Y es que, si bien ya era demasiado tarde para mí, no lo era para millones de otros niños de este país, y existía una posibilidad muy real de alcanzar nuestro objetivo, de que se cambiara la ley y de que España se convirtiera en uno de los países más seguros del mundo para la infancia.

Por eso, quizá de forma ingenua, decidí pelear y darlo todo. Me había visto con Sánchez porque gobernaba él. También me reuní con Albert Rivera y con los líderes del PP. Hablé del tema en la radio y por televisión. Andreu Buenafuente me apoyó un montón y me dio el espacio necesario en su programa para poner de relieve la cuestión (es uno de los pocos personajes públicos que conozco que no temen manifestarse en relación con las cosas que importan, aunque pague un precio por ello). Risto hizo otro tanto. Recuerdo que participé en *Chester*, un programa al que nunca habría ido de no estar luchando por algo tan importante: tenía demasiados espectadores y la exposición habría sido excesiva para mí. Al menos por televisión, Risto siempre parecía muy beligerante, incluso hostil, y la situación me ponía muy nervioso. Sin embargo, cuando se sentó a mi lado al principio de la entrevista, se limitó a decir: «Tienes todo el tiempo y el espacio que te hagan falta para contarnos lo que nos quieras contar. Te escucho». Siempre lo querré por eso.

A esas alturas, la situación me estaba pasando factura. Presentarme ante millones de personas y hablar de mis problemas más íntimos, privados y vergonzosos era difícil. No soy así por naturaleza. No quiero comentar las cosas que más me duelen delante de un público. Prefiero con mucho limitarme a tocar el piano y ocultarme en la música. Pero recordé mi compromiso. El hecho de que, aunque lo cómodo era dar un paso atrás, lo correcto era empujar. Así que seguí empujando. Aunque cada día me costase un poco más, fuese desgastando un poco más mis defensas.

Escribí otro artículo en *El País* porque en la Moncloa no decían nada. Pero en aquella ocasión también critiqué a la prensa y a la televisión, no solo a los políticos. Estaba en lo cierto, pero también fue un gesto imprudente y pagué un precio. En este país no se le tocan los huevos a la prensa. Pero había vuelto a Londres, a mi madre la habían ingresado de nuevo en el hospital por ciertas complicaciones y estaba enfadado. Me pareció que ya estaba bien. España tenía que actuar antes de que fuera demasiado tarde. Y el artículo que escribí contenía palabras contundentes.

En el texto reconocía que hablaba y escribía mucho del amor que me inspiraba España. Dejaba claro, una vez más, que este país había cambiado mi vida radicalmente a mejor y que me moría de ganas de que llegara el día en que tuviese la suerte de pedir la ciudadanía y de que me la dieran.

Cuando expreso esa admiración, ese asombro y esa adoración, como ya he mencionado antes, siempre recibo unas cuantas respuestas en plan: «Espera a ver la España de verdad». Nunca había creído en ello y siempre lo había atribuido a los típicos tuiteros anónimos y rabiosos. Pero en aquella ocasión empecé a entender a qué se referían.

Aunque me había reunido poco antes con el señor Sánchez para hablar de la aplicación de una nueva ley, y a pesar de que él había mostrado —y seguía mostrando— pleno apoyo, lo que había ocurrido desde entonces era perturbador.

Fui testigo directo de las segundas intenciones, la falsedad y la hipocresía de una gran cantidad de políticos, periodistas, cadenas de televisión y otros organismos, todos los cuales tenían un deber público que no estaban cumpliendo. Y, para su gran vergüenza, entretanto estaban jugando con las vidas de los niños.

En los primeros nueve meses de 2018, dieciocho niños murieron por culpa de la sistémica falta de protección a la infancia en este país. Es probable que haya habido más casos de los que se denunciaron.

Tres se quitaron la vida (con doce, quince y dieciséis años). A otros los mató su padre (el menor de ellos solo tenía tres años). Una madre tiró a un recién nacido por la ventana. La lista de sus respectivos nombres, edades, causas de muerte y asesinos me hace llorar. Solo en 2017 se presentaron más de treinta y ocho mil denuncias a la policía por actos violentos cometidos contra menores.

Me lo pensé mucho antes de publicar la acusación correspondiente, pero, por desgracia, había una conclusión inevitable: escribí en *El País* que, si la ley no se llevaba al Congreso a finales de 2018 y se aprobaba en 2019, todos los partidos políticos de este país, de un modo u otro, serían cómplices de la muerte de más niños en los meses y años venideros. En realidad, no solo de esos asesinatos innecesarios e inadmisibles, sino también de los miles de casos de abusos, violaciones y violencia infantil, que son un cáncer diario en nuestra sociedad.

Qué rápido acusamos todos al papa de hacer la vista gorda ante el sistemático abuso de menores en la Iglesia católica. Sin embargo, el PP, Ciudadanos, Podemos y otros partidos estaban haciendo exactamente lo mismo.

La prensa era igualmente culpable; se lanzaba encantada a hurgar en la vida y las acciones pasadas de los ministros, pero se negaba a abordar las necesidades del momento y las medidas políticas que debían (y podían) ponerse en práctica de inmediato.

Las cadenas de televisión también son responsables en parte. Televisión Española, Telecinco, Antena 3, Cuatro, La Sexta y Movistar Plus se negaron en conjunto a emitir *Shootball*, el devastador, potente y valiente documental de Félix Colomer sobre los maristas (el caso más célebre de abuso sexual institucional que se recuerda en España). ¿El motivo? Les aterraba ponerse a la Iglesia en contra. La misma Iglesia que sigue permitiendo que se viole a niños impunemente en todo el mundo. En vez de ayudar a romper el silencio en torno al abuso infantil, estas cadenas son cómplices de que el tema siga siendo un secreto vergonzoso y oculto.

Tengo que ser muy muy claro sobre esta situación, dejársela la hostia de clara a la gente, porque no sabéis qué grande ha sido mi frustración. Estamos en 2018, hay un proyecto de ley casi acabado en manos del Gobierno. Lo ha preparado un equipo de abogados y expertos. Es amplio, asequible y exhaustivo, y convertirá a España en líder mundial en lo que respecta a la protección de los niños frente a cualquier tipo de violencia.

El señor Sánchez manifiesta su apoyo inmediato a la ley. La ministra de Sanidad también, así como la de Justicia y el ministro del Interior (que desempeñó un papel importante en el desarrollo de la ley en su previo puesto de juez).

De hecho, todos los grupos políticos del Parlamento han mostrado ya públicamente su apoyo al firmar una proposición, en 2017, en la que se instaba al Gobierno a que redactase la ley y la presentase en las Cortes para su aprobación al final de la legislatura.

No obstante todo lo anterior, la cosa está parada.

Yo estoy en casa pensando que, obviamente, la única respuesta humanitaria posible es llevar la ley al Congreso de inmediato y aprobarla lo antes posible. Sin embargo, los partidos políticos la están utilizando para sus juegos de poder; es una vergüenza.

Los partidos de la oposición ansían tal cantidad de reconocimiento, aplausos y votos que se niegan a que el Gobierno actual se anote un tanto que pueda esgrimirse como argumento en unas futuras elecciones. Pese a que Rivera —antes de que se retirara de la política— y Casado aseguran en privado que apoyan completamente la nueva ley, y pese a que todos los partidos saben que esta hace falta con urgencia para proteger a los niños de la violencia, al parecer prefieren que los pequeños mueran antes que permitir que el Gobierno actual la presente como un logro propio.

Los líderes de los cuatro partidos principales son padres. Tienen dibujos hechos por sus hijos en su oficina.

Los partidos de la oposición retrasaban las cosas, ponían trabas, manipulaban, engañaban. Pedían comités y consultas, y proponían la creación de grupos de expertos para debatir cualquier cambio del sistema vigente. Reclamaban un consenso absoluto y un debate pormenorizado de todos y cada uno de los detalles relativos a la violencia infantil. Lo hacían con la excusa de «ser rigurosos», pero en realidad solo querían impedir que Sánchez se llevara el mérito de una ley tan importante. Como si fuera un juego que tenían que ganar, sin importar el precio en vidas humanas.

Lo hicieron a sabiendas de que el borrador del que disponían se había elaborado junto con diversas ONG, la policía, jueces, intelectuales y muchos otros expertos cualificados, y que estaba en la última fase de consulta, casi listo para presentarse. Sabían que, si en algún momento se descubría que faltaba algo, se podría añadir con facilidad, gracias a un marco establecido que protegería a los niños de la violencia. Y les daba igual.

Los políticos tienen mala fama. Eso lo sabemos todos. Las personas que tanto anhelan el poder suelen ser las más propensas a la corrupción y el egocentrismo.

Os prometo una cosa: si, Dios no lo quiera, a algún líder político lo hubieran inmovilizado contra el suelo, lo hubieran penetrado anal y oralmente, lo hubieran asfixiado, golpeado y utilizado como poco más que un juguetito sexual (toda mi existencia entre los seis y los diez años), yo no habría tenido que escribir el artículo para explicar las cosas con tanta claridad.

Lo mismo si los niños pudieran votar.

Si los políticos fueran tan valientes como los supervivientes que rompen el silencio, si pudieran anteponer la humanidad a los juegos de poder, tampoco habría tenido que escribir el artículo.

Me parecía increíble que todavía tuviéramos que denunciar esta mierda. Que la situación me impidiera dormir varias noches seguidas mientras sollozaba de frustración.

Me parecía increíble que, mientras mi madre se sometía a ocho días de quimioterapia y a un trasplante de células madre, con solo el 60 por ciento de probabilidades de sobrevivir cuatro semanas, yo tuviera que sacar tiempo para escribir el puto artículo sentado junto a su cama de hospital.

Sin embargo, cosa rara, en vez de mitigar lo que siento por España, el efecto de lo que vi esas semanas fue más bien el contrario. Me comprometí aún más con la tarea de proteger mi hogar y a los niños que viven aquí. La rabia es un potente acicate.

Recurriendo a todas las herramientas de las que disponía (*El País*, la SER, Buenafuente, las redes sociales, entrevistas), pedí directamente a los líderes y miembros de todos los partidos políticos de España que se dejaran de jueguecitos y que se dieran cuenta de que aquella no era una cuestión política, sino humanitaria. Se trataba de proteger a los más vulnerables de entre nosotros. De resistir el impulso de ganar votos con discursos mientras se mata a niños con (falta de) acciones. De comportarse como padres y seres humanos, no como políticos.

A estas alturas, estaba claro que, si la ley no llegaba al Congreso antes de fin de año, sería demasiado tarde: cualquier retraso importante haría imposible que se lograse en el ciclo político de ese momento y podrían pasar años antes de que se volviera a presentar la oportunidad. Por una vez, los políticos tenían la oportunidad infrecuente y maravillosa de hacer lo correcto, y nadie espera que los políticos hagan lo correcto.

Hay dos tipos de seres humanos en este mundo: los que lo contaminan y los que limpian la suciedad. En España, la infancia está contaminada. Es un puto vertedero tóxico. Así que, a mi juicio, era razonable esperar de los políticos que se remangasen y pusieran manos a la obra. Que lo hicieran rápido, sin buscar recompensas ni reconocimientos, con pasión.

Me parecía increíble que algo tan sencillo, tan accesible, tan barato y tan urgente pudiera seguir retrasándose. De nuevo, tras el artículo, el PSOE manifestó en público su compromiso. Rivera me prometió personalmente que Ciudadanos apoyaría la ley en el Congreso. Pero el PP se negaba. Estaban molestos porque la consideraban una ley que había sido suya al principio, y habían trabajado en ella antes de que Sánchez accediera al poder. Nunca olvidaré la vez que, en una reunión celebrada en su sede, un alto cargo del PP me dijo que no apoyarían la ley porque yo no les había concedido el suficiente mérito en público. Me quedé mudo ante semejante afirmación, que venía de una mujer que es madre. Dejar de apoyar una ley pensada para salvar vidas de niños porque yo no había dado las gracias suficientes se me antojó una verdadera locura. Lo único que se me ocurrió fue exclamar: «Pero... ¡usted es madre!». Muy elocuente, ya lo sé. Así fue como cobré conciencia de la dura realidad de la política.

Aunque no quería creérmelo, cada vez era más evidente que, incluso un tema como este, tan humano, tan necesario, tan vital, iba a utilizarse como arma política. Y, aunque quería creer con todas mis fuerzas que nadie iba a caer tan bajo, que todo el mundo obraría bien por buenos motivos, estaba aprendiendo una lección muy grande (y, para muchos, obvia) sobre el mundo de la política. Todo es una cuestión de poder, reconocimiento y recompensas. Todo.

Quizá me estoy extendiendo demasiado sobre este tema. Os pido disculpas. Pero tenéis que entender una cosa. Necesito que lo entendáis de verdad, y lamento si mis palabras parecen dramáticas, o condescendientes, o las dos cosas. Imaginad que venís de un sitio en el que os han robado la infancia de la forma más cruel posible. En el que hay gente que ha visto cómo te violaban de pequeño y no ha hecho nada. En el que nadie pidió explicaciones ni indagó ni movió un dedo para protegerte. En el que tuviste que enfrentarte a un trauma tan gordo tú solo, sin apoyo ni guía. Como a muchos de nosotros, por desgracia, mi infancia le había pasado una factura tremenda a mi bienestar y mi psique. Por eso, cuando por fin hallé mi nuevo hogar y me enamoré de él, pero después vi que aquí les pasaban las mismas cosas a los niños, aparentemente con impunidad, y, lo más importante, vi también que yo tenía la posibilidad de hacer algo para mejorar la situación, la cacé al vuelo. Vi a niñas de ocho años que grababan cómo sus padrastros las violaban para tener suficientes pruebas con que ir a la policía. Confesos violadores de niños que se iban de rositas sin ser acusados. Niños que se hacían pis en el juicio porque los cuestionaba la persona que los había violado. La Iglesia protegía a los pederastas, destruía pruebas y obstruía las investigaciones policiales. Todo eso en un país de gran belleza, que tanta seguridad me había dado, el país que quería considerar mi casa para siempre. Tenía que hacer algo. No me quedaba otra. Por eso, cuando (con alarmante frecuencia) algunos abogados o médicos, periodistas o políticos, padres, abuelos, tíos o tías me decían: «Aquí no hay ningún problema, vuélvete a Inglaterra cagando leches y céntrate en tus problemas», yo me quedaba verdaderamente atónito. No podía hacerlo. Porque implicaba abandonarme de un modo inadmisible. Conseguir que se aprobase la ley era mi manera de reconciliarme conmigo mismo, de perdonarme y de tener la puta certeza de que menos niños tendrían que vivir lo que yo viví.

La prensa se puso en mi contra. Hubo una clara división. La prensa de izquierdas mostró su apoyo, la de derechas perdió los papeles. Ahí aprendí otra cosa. En el Reino Unido, la prensa es una mierda. Habla de cotilleos y famosos con gran agresividad. Pero aun así se muestra, hasta cierto punto, levemente responsable frente a las burdas manipulaciones políticas. Vamos, que no es perfecta, pero al menos pretende ser imparcial. Pero ¿aquí en España? Es que me cago en todo. No tenía ni idea de cómo era verdaderamente la prensa. De forma ingenua, tonta, lamentable, había creído que se comportaría tal como había visto comportarse a todo el mundo cuando me instalé aquí: con amabilidad, compasión, apoyo, movida por la humanidad y la decencia. No hablo de la prensa amarilla ni de los espacios tipo *Sálvame*, sino de los periódicos de verdad, de prestigio internacional. Creía que ciertos temas quedaban al margen, que todos los reconocían como intocables y que la seguridad de los niños era uno de ellos. Creía que, aunque defendieran posiciones políticas, los periódicos presentarían las dos caras de la moneda o solo publicarían los hechos en aras de la imparcialidad y la decencia común.

Hay. Que. Ser. Imbécil. Coño.

En concreto, *El Mundo* fue lo peor de lo peor. Los más insultantes, gratuitamente desdeñosos y manipuladores a los que me he enfrentado. Les pregunté si querían publicar un artículo sobre la necesidad de esta nueva ley, en el que figuraba otro ruego al presidente de que avanzara con rapidez. El artículo era potente y yo creía que bueno. No olvidéis que no se trataba de la opinión de un extranjero que llega a España y se pone a pedir exenciones tributarias para los ricos o se lanza a opinar sobre el debate de la independencia de Cataluña, se opone a los toros o quiere criticar o cambiar una costumbre cultural profunda y sagrada. Se trataba de alguien que, en colaboración con una de las mayores ONG del mundo, aspiraba a proteger a nuestros hijos. *El Mundo* se negó a publicarlo. Uno de los periodistas de la sección de opinión me mandó varios wasaps de disculpa en los que me decía que el artículo era buenísimo y que le parecía un gran error que sus jefes no lo publicaran. Añadió que en el periódico influían claros intereses políticos, que siempre se impondrían al sentido común.

Pero eso no fue lo que dijeron en público, desde luego. Ni siquiera *El Mundo* podía decir sin ambages «No queremos apoyar en público una ley para proteger a los niños», sino que dejaron claro que yo les había ofrecido un artículo y dieron a entender que se habían negado a sacarlo porque no estaba muy bien escrito. Un periódico que me dijo, públicamente (por Twitter), que nunca volverían a sacar nada sobre mí. El responsable de las cartas al director, un tal Bustos, tuiteó en plan de burla que yo ni siquiera había leído a Rousseau (*wtf*) y que mi sitio estaba en un programa de telerrealidad (la necesidad que algunos periodistas tienen de demostrar su superioridad intelectual frente a todo el mundo es un claro y diagnosticable trastorno mental). Otro periodista, autoproclamado icono cultural y defensor de Plácido Domingo, escribió (hasta la fecha) al menos siete artículos en diversos medios para hablar de lo horrible que soy, de que soy un gran impostor y de que España estaría mucho mejor sin mí. Dijo que lo mejor sería que *El Mundo* me pusiera en su lista negra (yo no tenía ni idea de que existiera tal cosa, pero es evidente que sí y me incluyeron en ella). Y que después se me deportara a Gibraltar.

En un artículo de *El Confidencial* que no tenía nada que ver conmigo, afirmaban totalmente fuera de contexto que yo no le servía de nada a España y me lanzaban un montón de mierda. Tras leerlo, un amigo mío llamó al periodista en cuestión (yo no lo sabía, pero también era amigo suyo). Cuando le dijo al tipo: «Venga, tío, conozco bien a James y no es para nada como lo sacas en el artículo, ¿por qué lo has hecho?», este le contestó que el director del periódico había pedido a todos sus periodistas que aprovecharan cualquier ocasión para mencionarme en sus artículos de la forma más negativa posible, aunque no viniese en absoluto al caso.

Cómo no, aparecieron muchos artículos puntuales con títulos como: «El lado oscuro de James Rhodes», «Rhodes y el *balconing*», «James Rhodes: la limosna de los pijos buenos» y cien más. Siempre salían en la prensa de derechas, siempre se burlaban de mi acento, mi competencia con el idioma, mi infancia, mi forma de tocar el piano, mi escritura, mi amor por España, lo que fuese. Aquello era un puto desastre.

Y todo era culpa mía. Sé que convertirse en propiedad pública da lugar a esas reacciones. Lo entiendo, claro. Me lo podría haber currado para tener una piel más curtida y no hacer ni caso. Pero me costaba ignorar un tema tan personal. El problema estaba en mi ingenuidad: de verdad pensaba que esforzarme por lograr un país mejor suscitaría apoyo y unidad, no lo contrario. No me hacía falta la prensa. No quería salir en los periódicos para nada. Alguna que otra entrevista cuando tengo una gira, un libro o un disco en puertas está muy bien y ayuda. Pero prefería con mucho una vida tranquila, alejada de los focos. Podría haber pasado de todo tranquilamente, no haber llamado la atención y haberme centrado en lo que tenía entre manos: básicamente, tocar el piano y colaborar entre bambalinas con Save the Children. Pero había hecho una promesa y debía cumplirla. Intenté ser más resiliente, duro, menos sensible.

Pero el problema era que soy muy sensible. Hipersensible. Lo sé. Cuando me critican o se burlan de mí, sobre todo en público y sobre todo en un periódico nacional, me duele. Me puedes decir lo que quieras a la cara, en privado, y no pasa nada. Pero hay algo en el hecho de que sea público, en la idea de que la gente lo lea y se apunte al carro, que me devuelve a la vergüenza del patio del colegio, al acoso, a la sensación de terror y soledad. Encima, todo aquello sucedía justo mientras mi madre tenía una grave recaída y volvía al hospital, conmigo junto a su cama, rezando para que sobreviviera a esa noche. Por eso, mientras velaba a mi madre agonizante y me etiquetaban en el enésimo artículo, mofándose de mi mentalidad de víctima y diciéndole al mundo que yo era gilipollas, mi tolerancia a las mamarrachadas políticas, las motivaciones ocultas debidas al dinero y el amiguismo no era muy alta.

En realidad, estaba enfadado. Me enfadaba el hecho de que el abuso sexual infantil se hubiera convertido en algo político. Munición. Moneda de cambio. Desde luego, muchísimas personas mostraron su apoyo y se prestaron a ayudar. Hubo palabras amables, comentarios preciosos, cierta prensa generosa en relación con lo que intentábamos hacer con la nueva ley. Pero, para mí, los ataques aparentemente incesantes eclipsaron todo eso. No entendía por qué no había un esfuerzo conjunto y unido para lograr aquel propósito. De verdad, aquel asunto me dejó a cuadros.

Y no solo era algo recurrente en la prensa. Me mostraba hasta qué punto había sido ingenuo. En España existía un incontestable e innegable problema con los abusos sexuales a niños. Hasta Naciones Unidas había exhortado al país, en los más duros términos, a que hiciera algo al respecto. En 2018,

Marta Santos Pais, Representante Especial de la ONU sobre la Violencia contra los Niños, vino a España, invitada por la Alianza para Erradicar la Violencia contra la Infancia (formada por un grupo de ONG: Aldeas Infantiles, Educo, Plan International, Plataforma de Infancia, Save the Children, UNICEF y World Vision). El objetivo de la visita era impulsar la ley con agentes clave del Gobierno y la oposición. Santos obtuvo el apoyo expreso del alto comisionado para la lucha contra la pobreza infantil y del alto comisionado para la Agenda 2030. La ministra de Salud y Servicios Sociales confirmó en público el compromiso que había expresado Grande-Marlaska (el ministro de Interior que había declarado que el Gobierno estaba plenamente dedicado a la ley y que se aprobaría el anteproyecto en el último Consejo de Ministros del año, para poder llevarse al Parlamento a principios de 2019), y añadió que el proyecto de ley se ratificaría a finales de año. La representante especial de la ONU también se reunió en el Parlamento con todos los partidos políticos, y todos ellos se comprometieron a facilitar el procedimiento, a no presentar enmiendas innecesarias que ralentizasen la aprobación. En todas las declaraciones públicas y en las entrevistas que concedió, Santos dio su apoyo a la ley y aseguró que su aprobación no solo mejoraría la vida de los niños en España, sino en todas partes; con una norma tan completa y avanzada, nos convertiríamos en un ejemplo para muchos otros países. Comentó que en julio de 2018 se iba a celebrar una importantísima cumbre global sobre los avances de la Agenda 2030 para el Desarrollo Sostenible, y que entonces España podría presentarle al mundo el importante progreso que suponía la ley. También mencionó que, en la Asamblea General de las Naciones Unidas, España tendría otra ocasión de mostrarle al mundo su liderazgo global a la hora de proteger a los niños de la violencia.

Por fin había una oportunidad para cambiar las cosas a mejor. La única respuesta que yo esperaba de la gente, cuando viera que por fin algo iba a concretarse, era: «¿En qué puedo ayudar?». Pero las más de las veces me contestaban lo contrario. El porqué siempre era que el tema se había politizado. Salí en una foto con Sánchez, el presidente me llamó por mi nombre de pila en una rueda de prensa, me hicieron fotos con Manuela Carmena en un refugio para niños, la vicepresidenta se refirió a la nueva ley como «la ley Rhodes» en una cadena de televisión nacional. Todas esas cosas hicieron que la cuestión se polarizara en función del partido con que cada cual se identificaba. Así, en vez de propiciar el: «¿En qué puedo ayudar?», la cuestión central de la infancia se perdió por completo y todo se convirtió en una batalla campal entre políticos centrada en la lucha de la izquierda contra la derecha.

Capítulo 18

La división entre izquierda y derecha que hay aquí me confundió muchísimo. Porque la cosa no solo iba de los típicos temas a los que estaba acostumbrado en el Reino Unido, como la inmigración y los impuestos. España es un país maravilloso, pero todo lo que está relacionado con las artes, la cultura, la creatividad y la compasión se considera inmediatamente de izquierdas. El término «progre» se utiliza del mismo modo en que en la izquierda se emplea la palabra «facha». Remite a algo negativo, ofensivo, insultante. Con la diferencia de que la izquierda se centra en la unidad, la humanidad y la igualdad social, en vez de tender, como la derecha, a construir muros, buscar cabezas de turco, expulsar a los inmigrantes y expresar un racismo ocasional, o no tan ocasional. Tal como fui descubriendo, incluso cuando introducimos el tema de las violaciones infantiles, las líneas siguen claramente marcadas.

Era frustrante y deprimente hasta decir basta. Una fuente de impotencia, ataques, rabia. No paraba. En el ámbito político, España estaba en una situación sumamente inestable. Los partidos eran implacables.

Los insultos que utilizaban, su forma de atacarse entre ellos, no se parecían a nada que yo hubiese visto hasta entonces, ni siquiera en Inglaterra. Se lanzaban a la yugular y no la soltaban.

En este contexto, y solo para conseguir que se aprobase la ley, traté por todos los medios de encontrar un equilibrio entre la izquierda y la derecha para que los dos bandos quedaran contentos, no se distrajesen y se sintieran plenamente reconocidos: sabía que, si me escoraba demasiado a la izquierda, la derecha entorpecería la nueva ley, la retrasaría e intentaría bloquearla. Si me iba demasiado a la derecha, ocurriría lo contrario: la izquierda desaceleraría y retiraría su apoyo. Cuando comenté que Rivera había mostrado compasión al respaldar la ley (un gesto necesario para dorarle la píldora a la derecha), la izquierda me crucificó. Luego agradecí los prometedores avances que me llegaban de Sánchez (para indicarles que yo dejaba claro que todo esto era obra suya, por así decirlo), y la derecha prácticamente me lapidó. Era una situación imposible.

Debería darles las gracias a los políticos y la prensa por esta lección: me hizo madurar muy rápido. Darme cuenta de que el mundo no es como yo pensaba, incluso aquí en España, incluso en relación con este tema, fue un gran revulsivo. Me curtió mucho. Muchísimas personas me habían dicho que no podías fiarte de ningún político y que todos atendían a sus propios intereses, pero yo me negaba a creerlo. De pronto ya no estaba tan seguro. Además, empecé a entender el hartazgo generalizado y el desencanto de los votantes que había visto en España.

En vez de mantener discusiones productivas y con contenido, me vi obligado a alimentar egos, reconocer el mérito de todo el mundo y respaldar a todos los partidos con el solo fin de que la ley llegase al Congreso. Entretanto, si en la prensa se publicaba una crónica de abusos sexuales relacionados con un partido de izquierdas, se le lanzaban encima. Si yo no daba mi opinión de inmediato sobre un caso de abusos sexuales que implicaba a políticos de izquierda, me acusaban de participar en una conspiración de silencio junto a mis perversos amigos izquierdistas y, en cierto modo, me hacían responsable de no actuar al respecto. Si yo mencionaba algún caso en el que aparecían políticos de derechas, me decían que me ocupara de los problemas de mi país y que me callara la puta boca. Y eso que era muy obvio que yo le iba a soltar de todo a cualquier hijo de puta que se dedicase a abusar de menores. Me pareció insólito que tantas personas siguieran creyendo que se podía tomar partido en el tema del abuso infantil. Es evidente que cualquiera que se dedique a abusar sexualmente de niños, sea rico o pobre, blanco o negro, de izquierdas o de derechas, homo o hetero, debería responder ante la ley hasta las últimas consecuencias. ¿Acaso no es obvio? Me sorprendió que tantas personas quisieran que yo actuara como si tuviera poderes policiales, que lo esperasen de mí como si yo fuera capaz de poner en marcha comisiones o investigaciones. No sé por qué, coño, pero parecía que todo era responsabilidad mía.

Yo nunca quise ser la cara reconocible del abuso sexual. Odiaba estar tan expuesto. Aparecer en *Chester* casi me costó la vida: imaginad lo que supone revivir los momentos más oscuros, más visceralmente dolorosos de tu vida delante de millones de personas, porque es la única posibilidad realista de lograr que las cosas cambien. Imaginad lo que supone escribir artículos en la prensa sobre los episodios más vergonzosos de tu pasado y, en vez de recibir compasión, ser objeto de burlas, desconfianza, demoras, excusas, ataques y condenas, tanto por parte de los políticos como de la opinión pública. Es verdad que también recibí mucho amor y apoyo de la mayoría de las personas, pero nada que fuera útil de aquellos que de verdad podían cambiar las cosas (prensa, políticos, abogados, médicos, organizaciones benéficas). Incluso me daba la impresión de que las organizaciones benéficas soltaban el rollo de «Sí, ya, llevamos años intentando tratar este tema, deberíamos llevarnos nosotros el mérito, no un extranjero que solo lleva aquí dos minutos», en vez de proponer una alianza, una oportunidad de sumar esfuerzos.

Por fin comprendía a fondo el escepticismo de quienes me habían dicho en un principio que nada iba a concretarse y que los políticos sencillamente me estaban utilizando.

Así que acabé, más de un año después de que Sánchez me prometiera cara a cara y en la prensa que la ley se iba a concretar, hasta la polla de esperar, con el estómago retorcido por la ansiedad, sufriendo ataques por todos los flancos y haciendo todo lo posible por mostrarme equilibrado, neutral, razonable. Y, mientras tanto, intentaba trabajar en lo mío: dar conciertos, escribir un artículo al mes en *El País Semanal*, hacer mi programa de radio, ensayar, intentar ser productivo y no perder la esperanza.

Soy más que consciente de que, en el esquema general de las cosas, mi papel en esta ley era pequeño. Yo era una pieza minúscula de un engranaje enorme que llevaba muchos años girando antes de mi aparición. Me doy cuenta de que mis quejas y mis lloriqueos relacionados con la prensa y los políticos pueden parecer de lo más egocéntricos. La cosa es que las ONG y los activistas están acostumbrados a todo ello. Llevan años enfrentándose a esa situación. Para mí era la primera vez; todo fue tan inesperado que la experiencia me dejó conmocionado. La verdad es que al principio me limité a pensar: «Ah, vale, os ayudo»; creí que la prensa iba a echar una mano, que los políticos cumplirían con su cometido, que al cabo de unos meses todo se habría arreglado. Porque de lo que estábamos hablando era de los niños. Y cuando nada se concretó y tuve la sensación de que me estaban dando de hostias por todas partes, me quedé estupefacto. Más aun teniendo en cuenta que todo esto estaba pasando en España, que es el sitio, el único sitio en el que me había sentido seguro y protegido en toda mi vida.

Creo que es un buen momento para tomarse un pequeño descanso y respirar. En aquel período estuve escuchando un par de composiciones musicales que me resultaron de lo más valiosas para bajar el ritmo y sobrellevar lo que pasaba. La primera fue un disco de Rameau, un compositor francés del siglo XVIII que pasaba el rato con Voltaire. En concreto, hay una pieza de su ópera Cástor y Pólux tan extraordinaria que me calma la mente al cabo de dos compases. La escuchaba mientras paseaba por Madrid, mientras llegaba a pie al hospital en Londres, mientras estaba en casa sumido en la desesperanza, y me regeneraba.

Existe además una pieza profundamente reflexiva llamada Espejo en espejo (Spiegel im Spiegel), compuesta por Arvo Pärt en 1978, justo antes de su partida de Estonia. En sus inicios como compositor, Pärt se adhirió a muchas de las corrientes musicales vanguardistas que estaban en boga en su época. Sus obras no eran particularmente melodiosas en el sentido tradicional, sino complejas y difíciles. Sin embargo, a finales de la década de 1970, abandonó del todo este proceder. Spiegel im Spiegel fue una de las primeras demostraciones musicales de ese cambio de actitud. A partir de entonces, sus obras serían de un estilo «tintinabular», un término que Pärt acuñó para describir sus composiciones minimalistas y reflexivas. Esta logra que entre en trance. Escuchadla; estoy seguro de que después os sentiréis un poco más en paz. Ambas están en la lista de reproducción, en el segundo y tercer lugar, respectivamente.

Capítulo 19

Mientras las discusiones políticas continuaban y buscábamos apoyos para la ley, en el transcurso de un par de semanas mi madre pasó de encontrarse en estado crítico a estar viva por los pelos y la mandaron a casa. Yo volví a España y di mis conciertos: Santiago, Pontevedra, A Coruña, Málaga, Barcelona, Andorra (compras libres de impuestos, ¡viva!). La lista no acababa nunca. Sitios nuevos, maravillosos descansos de una realidad lóbrega, música y aventuras. Toqué en una cárcel de Galicia (hice un chiste, solté que tenía un «público cautivo» y, milagrosamente, salí ileso) y también toqué jazz con Antonio Banderas en Málaga. No tenía ni idea de que el tío supiera tocar el piano; yo participaba en un evento benéfico que había organizado él y lo invité en broma a que subiera al escenario a tocar algo. Y lo hizo. La hostia de bien. Me quedé un poco a cuadros y me uní a él en un dueto improvisado que fue tan inesperado como delicioso. Toqué en el Starlite de Marbella, el festival de música más pijo del planeta, una especie de Coachella para votantes del PP. Después del concierto descubrí un restaurante (Lobito de

Mar) en el que servían los bogavantes más grandes y ricos del mundo. Tan buenos que, la noche siguiente, Denis, Mica, varios amigos y yo volvimos y pedimos lo mismo. Llevaba una existencia esquizofrénica, llena tanto de aplausos como de aullidos, en dos realidades muy distintas que existían a la vez.

Tuve un momento maravilloso en Barcelona al tocar en el Palau, una de mis salas favoritas del mundo entero. Mi amigo Matthew vino de Londres a verme. Mi madre, por desgracia, estaba demasiado enferma para hacer el viaje. Justo antes del concierto, mientras yo estaba entre bambalinas, Matthew dio un paseo por las callejuelas del barrio y entró en una tiendecita en la que vendían muñecas. Pensó que a sus hijas les gustaría una. Eran impecables, hechas a mano. La dueña, una encantadora mujer mayor, intentó comunicarse con él; Matthew logró decirle que llevaba prisa porque iba a un concierto. Ella lo miró y le preguntó: «¿James Rhodes?». Él contestó que sí; ella le explicó que se moría de ganas de ir, pero que no había podido conseguir entradas, pues se habían vendido todas. Él me mandó un mensaje de texto, yo escribí a Denis y, al cabo de diez minutos, a la mujer la estaban llevando a la mejor butaca de la sala. Cinco minutos después llegó la alcaldesa y se sentó a su lado. Un minuto después, la señora le estaba diciendo a Ada Colau, con todo detalle, cómo había que mejorar Barcelona. Al día siguiente fui a su tienda a presentarme y tuvimos una charla preciosa. Esos momentos son recuerdos que valoro enormemente.

En septiembre de 2019 hablaba dos o tres veces al día con mi madre, que tenía días buenos y malos. En realidad, días en los que podía comer y caminar unos metros, y otros en los que se quedaba comatosa en la cama, sintiendo que se moría. Un sábado sentí algo raro. Nunca me había pasado antes, pero me entró un impulso repentino de ir a verla. De algún sitio me llegaban unas instrucciones clarísimas que me decían: «Coge un avión».

Tenía una semana más o menos libre antes de un concierto en el Auditorio Nacional de Madrid. Era la primera vez que tocaba en el Auditorio, una de las pocas grandes salas de España en las que aún no había estado. El concierto caía en viernes y pocos días antes, el sábado, pensé: «A la mierda, puedo pasar un par de días en Londres para darle un abrazo a mamá, tomar un té con ella y volver a tiempo para ensayar y prepararme». Pillé un vuelo a primera hora del domingo por la mañana, a las seis y media, y llegué a su casa un poco después de las nueve y media de la mañana del 8 de septiembre.

Pasamos todo el día juntos; fue absolutamente maravilloso. Ella pudo incluso caminar conmigo hasta el final de su calle y volver. Charlamos durante horas, le hice de comer, le llevé té, le bajé sus programas de televisión preferidos. Estaba adolorida, pero podía manejarlo. A su hígado y a sus riñones les costaba funcionar, lo que causaba problemas. Decidimos entre los dos que lo mejor sería que pasara un par de semanas en un hospital de cuidados paliativos, que le trataran los problemas del riñón y que después volviera a casa. Ambos sabíamos que, para ser realistas, a esas alturas solo le quedaban unos pocos meses de vida.

El médico se mostró de acuerdo en una de sus visitas. Me dijo que sin duda le quedaban algunos meses, quizá un poco más. Pero que le conseguiría una cama en un hospital cercano y que la trasladarían al día siguiente.

Mi madre pareció aliviada pero también angustiada. Instalarse en un sitio extraño, aunque solo fuera una semana o dos, le causaba pavor. A esas alturas, con tantísimo dolor, hasta los cambios pequeños la abrumaban. No sabía bien si iba a tener una habitación propia o si estaría en un pabellón más general y público. Si tendría wifi o no (en serio). Su zozobra era comprensible. Se centraba en los detalles negativos, por nimios que fuesen. Pero lo aceptó. Los médicos coincidieron. La decisión estaba tomada: una noche más en casa y después al hospital, hasta que estuviera en condiciones de volver.

Yo había anulado mis otros conciertos para poder volver a Londres después de tocar en el Auditorio y pasar con ella todo el tiempo posible en esos últimos meses y semanas. Incluso avisé a todo mi equipo de que cabía la posibilidad de que tuviera que cancelar lo del Auditorio con muy poca antelación.

Hablamos más. Mucho. Volvió a disculparse por haber estado ausente en mi infancia en los aspectos importantes. Para entonces ya me daba igual. Además, la cosa no tenía buena pinta. Llamé a Denis y a mis promotores, y les dije que debían tenerlo todo a punto por si tenía que anular el concierto, aunque fuese un par de días antes. Se mostraron absolutamente comprensivos, cooperativos, compasivos.

Mi madre me preguntó por el concierto del viernes y le dije que lo iba a anular y a ayudarla a instalarse en el hospital. Soltó una carcajada y contestó: «Por muy enferma que esté, qué carajo, aunque me muera, más te vale dar el puto concierto, porque si no tendrás a una madre muy enfadada». También abordaba la idea de la muerte con una tranquilidad asombrosa, lo que me sorprendió. Me impresionó. Parecía estar en paz con la situación. Me costaba creer que alguien tan desmejorado y con tantos dolores, alguien que había pasado décadas preocupándose por todo, pudiera aceptar el final con tanto sosiego, con tanta elegancia.

A medida que se acababa el día, me pareció que estaba menos lúcida de lo normal. A lo mejor era por los medicamentos. Empezó a decir cosas raras. «No sé si unos helicópteros lanzarán patatas por tu chimenea para la cena de esta noche», por ejemplo. Pero después regresaba a la realidad y preguntaba: «¿Se me está yendo la cabeza?». Le preparé unos espaguetis a la carbonara porque quería algo pesado y graso. Se echó a llorar y se puso histérica porque no encontraba todas las pastillas. Vimos juntos un programa de televisión malo hasta decir basta. Encontré las pastillas y se las di. Llegó su enfermera del turno noche. En aquella fase, la había obligado a que contratara a alguien por las noches. Ella no quería, no le hacía gracia el gasto, pero cuando me ofrecí a asumirlo yo, se puso muy en plan mamá, muy quisquillosa y responsable, y lo hizo. Le propuse quedarme yo también a pasar la noche, pero se negó en redondo. Acordamos que volvería a la mañana siguiente, estaría unas horas con ella y después regresaría a Madrid para dar el concierto, sabiendo que estaría de nuevo en Londres el día después del evento.

La dejé tumbada en el sofá, delante del televisor. No tenía buen aspecto. A veces seguía diciendo cosas poco coherentes. Sufría dolores. Estaba amarilla. Parecía asustada. Me dijo en broma que me fuera a mi puta casa, que durmiera un poco porque la enfermera había llegado, y que nos veríamos al cabo de unas horas.

Cuando llegué a casa la llamé para darle las buenas noches. No lo cogió. Veinte minutos después me devolvió la llamada. Con un dolor tremendo. «Me cuesta demasiado hablar», dijo entre jadeos, y la línea quedó en silencio.

A las siete y media de la mañana siguiente me sonó el móvil. Lo había dejado encendido para que la enfermera me llamase si me necesitaba a lo largo de la noche. Y era, cómo no, la enfermera, que se disponía a marcharse; pero me aclaró que mi madre no había pasado una buena noche y que a ella «no le gustaba la pinta que tenía». Mi madre estaba despierta, aunque perdía el contacto con la realidad, no podía hablar y sentía bastante dolor. Tenía el altavoz puesto para que mi madre me oyera. La enfermera me pidió que fuese, porque ella se marchaba a las ocho y no quería dejarla sola. Me vestí y pedí un Uber mientras lo hacía. Mi piso quedaba a diez minutos. Mi madre sabía que iba de camino y yo era consciente de que eso la aliviaba algo. En lo que solo pudo ser un bofetón cósmico, el coche tardó ocho minutos en vez de tres en llegar. Yo empezaba a entrar en pánico, a preguntarme si esa mañana podríamos llevarla al hospital de cuidados paliativos o, más bien, a la UCI. Llegué, abrí la puerta y la vi muy dormida en el sofá, con una bandeja de tostadas y zumo de naranja al lado. La enfermera se había ido un par de minutos antes de mi llegada.

No tenía mal aspecto. Tranquilo, incluso. La saludé, le acaricié la cara, ella gruñó, sonrió, me rozó el brazo dormida. Faltaban un par de minutos para las ocho. Me senté un rato a su lado y advertí que se había puesto muy amarilla. Respiraba de forma más irregular. Entonces me di cuenta de que se había orinado encima. Una mancha oscura de pis se extendía por sus pantalones. Subí a su dormitorio a coger unos pantalones de chándal limpios para cambiarla y, cuando volví, no respiraba. La llamé: «Mamá». Un «mamá» inseguro, incierto, aterrado. Medio afirmativo, medio interrogativo. El «mamá» que había querido exclamar tantos años antes, aunque nunca fuese a ser escuchado. Aquello tuvo el sonido del «mamá» más solitario y desesperado del mundo. Un eco en una cámara. Empecé a repetirlo más y más fuerte, la sacudí levemente y después con mayor apuro. Nada. Mi madre estaba tumbada en medio de su pis, amarilla, sin respirar, sin moverse.

Llamé una ambulancia. Me dijeron que habían mandado a alguien y que comenzase la reanimación cardiopulmonar. Me indicaron que quitase los cojines, la tumbase en el suelo y empezara a presionarle el pecho. Que no me preocupase, que ellos me irían diciendo cómo hacerlo hasta que llegase la ambulancia. En la mesa, al lado de su desayuno había un papel en el que se leía, en grandes letras rojas: «No hacer maniobras de reanimación». Ella había firmado la orden pocos días antes. Yo estaba a su lado cuando lo hizo: le dijo al médico que, si dejaba de respirar o no reaccionaba, no quería que la sacaran de ese estado. Lo dejó muy muy claro. El doctor hizo el papeleo y lo certificó. En negro sobre blanco y rojo sobre blanco, la nota estaba a su lado en la mesa.

Como si ella hubiese sabido que en algún momento iba a encontrarse justo en aquella posición y quisiera que su última petición estuviera bien visible. Le dije a la operadora del número de emergencias: «Mire, debería contarle antes de iniciar las maniobras que mi madre firmó un documento para que no la reanimen y lo tiene aquí, a su lado»; y la operadora me contestó, con tranquilidad y claridad: «En ese caso le ruego que no toque el cuerpo, que se aparte de él y que espere a la ambulancia». Pero vaya puta mierda. Tenía la oportunidad de revivirla, aunque fuera en contra de su voluntad, la ocasión de pasar unas semanas más a su lado, y me dio la impresión de que me había comportado como el chivato pesado y quejica del cole. Le pedí a la operadora que me confirmase que lo tenía claro y me respondió que desde luego, que no tocase el cuerpo bajo ningún concepto. Ya oía las sirenas, se acercaban. Llegaron una ambulancia y un coche de policía; entraron, me apartaron cortésmente y se pusieron manos a la obra mientras les explicaba lo que había pasado; que me parecía que estaba muerta y que por favor la ayudasen, todo el rato con voz de niño asustado.

Unos minutos después, uno de los paramédicos me pidió que me sentara a su lado.

Tenía una mirada muy bondadosa. Me enseñó un gráfico rojo y dijo: «James, mira esto: la línea roja representa los latidos del corazón. Acabamos de hacerle un electrocardiograma a tu madre y, como notarás, la línea es plana. No hay movimiento. Lamento muchísimo comunicártelo, pero tenías razón y, efectivamente, ha fallecido». Se mostró educado, paciente, amable y absolutamente profesional.

«Has hecho muy bien en no tratar de reanimarla —añadió—. Hemos visto el documento y, si te soy sincero, aunque hubieras logrado revivirla, presionar el pecho de alguien de su tamaño [el cáncer la había devorado, la había menguado de forma considerable], no habría sido bueno para ella. Le habrías roto algunas costillas, causado lesiones internas y, aunque hubiera respirado de nuevo, habría estado sumamente molesta; tampoco hay garantías de que hubiese vuelto a la vida.»

Había mandado mensajes a los familiares más cercanos al ver que estaba amarilla y que no reaccionaba. En aquel momento empezaron a llegar. Yo iba aturdido de un lado a otro, firmando papeles, hablando con la policía, explicando a la gente lo que había pasado.

Desde la perspectiva de mi madre, creo que estaba clarísimo lo que había pasado. Ella sabía que ese día la iban a trasladar al hospital de cuidados paliativos, lo que suponía una pelea burocrática con miles de normativas. No tenía garantizada una cama. O podía acabar en un hospital general, cosa que no quería. Llegarían las sondas, toneladas de medicamentos chungos, humillaciones, molestias, desconocidos, entornos poco familiares, la posibilidad de regresar a casa un par de semanas y después volver, pasar por toda una serie de camas, médicos, enfermeras, dolorida, desconectada de la realidad. Y ¿para qué? ¿Quizá tres meses más?

Ella sabía que yo estaba de camino. Le pidió a la enfermera que se marchara, sabiendo que yo iba a llegar. Me oyó entrar, notó que le acariciaba la cara, exhaló su último aliento y decidió marcharse en su sofá predilecto, en casa, conmigo a su lado y capaz de gestionar los momentos posteriores. Así era menos complicado. Menos humillante para ella, más consolador, más limpio. Mi madre siempre se estaba preocupando por todo. Aquello no fue distinto. Decidió liberarse de aquella preocupación, dejar atrás la incertidumbre de los enfermos y los agonizantes; parar, rendirse y ya. Eso hizo.

Mi madre murió ante mis ojos, lo que nos dio un último momento íntimo, y a pesar de las consecuencias sumamente traumáticas de presenciar algo semejante, yo no lo habría preferido de ninguna otra manera. Porque era así como lo quería ella.

Vino el empleado de la funeraria. Matthew, mi mejor amigo, también. Llegó la familia. Mica lo dejó todo, cogió el primer avión disponible en Madrid y se presentó al cabo de pocas horas. Se llevaron el cuerpo. Se firmaron los certificados de defunción. Se organizó el funeral. Compré sándwiches para la gente. Encontré un traje para la ceremonia. Mandé correos y mensajes para comunicar la noticia. Di abrazos. Deambulé por la casa como si fuera la primera vez, porque ella no estaba.

El funeral se celebró un miércoles, dos días después de su muerte.

Quiero dedicarle aquí una breve pieza musical. Le gustaba muchísimo y le hacía muchísima ilusión que la tocase en los bises de los conciertos cuando ella estaba presente. Es de Gluck, y en ella se narra cómo Orfeo baja al inframundo para tratar de rescatar al amor de su vida. Una obra sosegada, bella, pura, suave. *Cada vez que la escucho o que la toco me acuerdo de mi madre. Ella ya no podrá leer este libro, pero espero que, cuando la gente escuche esta pieza, una parte suba al cielo y que a ella le lleguen fragmentos. Ella y yo habíamos bajado a nuestros respectivos inframundos sin saber si volveríamos. Yo lo conseguí, por pura suerte y gracias a los buenos amigos. Ella, por desgracia, no tuvo esa fortuna: si Dios quiere, ahora estará en un lugar mejor.*

Escuchad esta cuarta pieza en la lista de reproducción, cerrad los ojos y perdonad que sea mi interpretación: no es por ego, sino porque ella se sentiría orgullosa.

Capítulo 20

Lo que siguió fue un período de confusión. Todo se me desdibujaba. Sentía un dolor puro y sin filtros. Escribí el discurso fúnebre y lo pronuncié a trozos, interrumpido por las lágrimas y la incapacidad de respirar; pasé flotando por el velatorio, las oraciones, los apretones de manos, los abrazos, las condolencias compartidas. Durante un momento pensé que quizá aquello nos brindaba la ocasión de acercarnos como familia, hacer las paces y construir algo nuevo y más íntimo.

Se organizó un velatorio en casa de mi abuela al que asistieron al menos cien personas. Mica, argentina al cien por cien, estaba a mi lado y me preguntó atónita: «¿Por qué nadie llora?». Era verdad. Ni una sola lágrima. La represión emocional de la puta Inglaterra, hay que joderse. La idea de crear algo sincero, nuevo y valioso con el resto de mi familia duró solo unos cinco minutos. No habían desaparecido la disfuncionalidad, el dolor inconsciente, el daño y la destrucción. Los resentimientos nimios y no tan nimios, los celos, las rivalidades, las intrigas y las soplapolleces que conforman tantos núcleos familiares estaban vivitos y coleando, y yo no tenía energía ni ganas de abrirme paso a través de ellos. Me presenté, hice mi parte y me marché. Volví a toda prisa a Madrid, pensando en el mandato de mi madre de dar el concierto del Auditorio. Ella tenía previsto acudir. Le había reservado hotel, vuelos y todo. Habría sido una madre orgullosa, en la mejor zona de la sala, haciendo fotos de mierda con su móvil para mandárselas a sus amigos.

Murió un lunes por la mañana. El funeral fue un miércoles. Regresé a Madrid el jueves. El viernes estaba sobre el escenario, delante de dos mil personas en un Auditorio Nacional con todo vendido, a diez minutos andando de mi casa, conmocionado, rezando para que mis dedos cumplieran con su cometido por mucho que mi mente estuviera partida en pedazos. Así fue.

Mi pandilla estuvo increíble. Lo hicieron todo posible. Mica se encargó de todo y se ocupó de las cuestiones del día a día. Denis y mis promotores llegaron pronto a la sala para preparar las cosas con mucha antelación. Dejaron un coche esperando en la puerta de mi casa para llevarme cuando estuviera listo. El ensayo fue breve y somero: probé el piano, repasé el peso de las teclas, calenté los dedos, me fijé mucho en la acústica nueva, en las luces.

Después, una hora antes del concierto, mientras estaba con Mica y Denis entre bambalinas, me imaginé que mi madre se encontraba entre el público, esperando a que saliera a escena, mirando, apoyándome, nerviosa y orgullosa.

El concierto no estuvo mal. En mi vida me he concentrado tanto. Fue como escalar una montaña: recordar todas las notas, buscar hasta el último ápice de fuerza en los músculos durante un complicado programa de noventa minutos formado por grandes piezas; obligando a mi mente a estar presente, centrada; apartando el dolor casi abrumador que llamaba a la puerta.

Al final decidí tocar su obra favorita en los bises. Le dije al público que mi madre debía estar ahí, que desgraciadamente había muerto cuatro días antes (en ese instante se produjo un audible susurro que me conmovió mucho), que quería tocar la pieza para ella y que esperaba que pudiera escucharla de algún modo, en algún sitio. Interpreté la *Melodía* de Gluck para ella y nunca, jamás, había notado tal concentración en un público. Percibí que algunas personas lloraban y, con claridad, sentí que ella estaba a mi lado, que me comunicaba con dulzura que, allá donde estaba, la angustia y las preocupaciones se habían terminado. Estaba en paz. Al fin. Fue un sentimiento inolvidable. Durante toda su vida mi madre había padecido una ansiedad insoportable, que se había apoderado de ella hasta el punto de que ya ni la notaba. La había normalizado. En aquel momento, por fin, supe en mi interior que estaba en paz. El alivio que ello me procuró fue extraordinario.

Capítulo 21

Después del concierto me quedé entre bambalinas con Denis y algunos amigos que habían acudido a oírme tocar. El director del Auditorio se me acercó, me pidió que firmase su libro de honor y que me hiciera una foto para que la colgaran en la pared. «Se me ha cumplido un sueño —me dijo—. La sala llena a rebosar de gente joven o que nunca había ido a un concierto, un público que no se parece en nada a los espectadores a los que estamos acostumbrados.» Estaba muy ilusionado.

Y eso es muy bonito. Pero le recordé que el concierto no lo había organizado él. No me había pedido que tocara allí. No había corrido absolutamente ningún riesgo. Mis promotores habían alquilado la sala por su cuenta, habían asumido todo el riesgo financiero y habían cumplido con su cometido de forma brillante, completamente al margen de la dirección del Auditorio. Sabíamos cómo sería el público: siempre era igual. Adolescentes, primerizos, personas de entre siete y setenta años; lo más increíble de mi trabajo era saber que tantísimas personas iban a escuchar a Beethoven en unos entornos tan bonitos, pero sin sentirse fuera de lugar ni poco acogidos. El Auditorio en sí jamás me habría invitado a tocar, porque a sus seguidores y patrocinadores les daría un infarto. Aquel era su espacio sagrado para que se lucieran en él músicos «de verdad», no farsantes desastrados, mal formados y en vaqueros, como yo. Habían dado a entender de forma sutil y no tan sutil que las salas como aquella no eran para mí (salvo cuando querían que ayudase a promocionar conciertos semivacíos allí), y no me apetecía entrar en ese juego. Así que me negué. Con respeto. Le dije que, si quería invitarme a tocar allí en nombre del Auditorio, estaría más que dispuesto a hacerme todas las fotos que deseara y a firmar todo lo que quisiera, pero me parecía un poco hipócrita fingir que la función era algo en lo que habían participado y de lo que eran responsables.

A lo mejor tenía las emociones a flor de piel, dadas las circunstancias (es muy probable), pero estaba harto de tanta gilipollez.

Estaba agotado. Me temblaban las piernas. No sabía si llegaría a recuperarme de la muerte de mi madre. No podía lidiar con las cosas superficiales.

Leiva, seguramente una de las estrellas de rock más adorables del mundo, había acudido al concierto y después me dio un abrazo. Me había dado a conocer música española increíble y por aquella época yo escuchaba mucho a Sabina (mi iniciación a la música española había sido otro de los grandes milagros de este país: de Los Secretos a Serrat, de Extremoduro a Love of Lesbian, de Los Planetas a Bunbury; fue una educación maravillosa y vivificante). Pero Sabina es Sabina. Además, en aquel momento me identificaba completamente con su canción «19 días y 500 noches». Me parecía que iba a tardar incluso más de quinientas noches en empezar a sobrellevar la muerte de mi querida madre. En el puesto número cinco de la lista de reproducción la toca en directo. Qué no daría por poder interpretar así.

Ojalá en la música clásica reinara una actitud más parecida a la del mundo del rock. Los artistas y los miembros de la industria comparten la misma actitud de «que os den a todos», como Sabina o Héroes del Silencio o Robe Iniesta (por Dios, qué puto genio). Sin embargo, el mundo clásico sigue siendo, por desgracia, una institución que necesita un cambio radical. Los responsables de las salas, los guardianes de los templos, siempre hablan de llegar a nuevos públicos, de dar a conocer la música clásica, de romper barreras y todo eso. Pero sus actos nunca concuerdan con sus intenciones. Es como si en un restaurante fino quisieran recibir a comensales que no suelen acudir a sitios así, pero mantuvieran el precio del menú degustación en ciento cincuenta euros y se empeñaran en lo de la chaqueta y la corbata. Seguirán teniendo los mismos clientes de siempre porque su puto esnobismo les impide hacer lo que deben y no entienden la diferencia entre mostrarse más abiertos y bajar el nivel.

Unos meses después, el presidente de la mayor promotora de música clásica en España, que lleva la mayoría de los conciertos del Auditorio, dijo en una entrevista que yo era «peligroso» y que yo no tocaba bien «nada». Nada. Como si hubiera escuchado todo lo que he interpretado en la vida y, tras una exhaustiva investigación, hubiera llegado a la conclusión de que nada de lo que hago está a la altura.

No creo que haya escuchado alguna vez un disco mío entero, menos aún que haya venido a escucharme en concierto. «Peligroso.» Por favor. Otro periodista cultural afirmó que se negaba a emplear el término «pianista» para describir lo que hago.

Hay una camarilla de la música clásica creada en torno al esnobismo y al ego. Es algo triste, antisocial y vergonzoso. Poco antes de que muriera mi madre, di un concierto en Málaga y toda la recaudación de las entradas se donó a Save the Children. Se celebró en un entorno precioso: la sala María Cristina. Málaga es una de mis ciudades predilectas de España y me emocionaba volver a tocar en ella. Molaba el doble que el evento beneficiase a una de las organizaciones benéficas que más me gustan.

Pero, un par de semanas antes de este concierto, el director de la sociedad filarmónica de Málaga subió al escenario de esa sala al término de otro concierto y se dirigió al público. Habló del siguiente que se iba a celebrar en el mismo sitio (el mío). Dijo que yo era un pianista de mentira que iba en vaqueros (horror), que había pedido repetidas veces un caché altísimo que era el doble de la recaudación posible en taquilla y que me había negado a usar su piano, insistiendo en que corriesen el gasto de alquilar uno nuevo.

Tened en cuenta que no hay absolutamente nada de cierto en eso (menos lo de los vaqueros). No me negué a tocar su piano, sino que tengo un contrato estándar, que ellos firmaron, en el que se prevé el alquiler de un modelo concreto de Steinway. Sucede que en otros conciertos los promotores me han jurado que tenía «de verdad, un piano increíble», pero luego resultaba que prácticamente no se podía tocar. Y yo no tengo nada que ver con lo del caché. Al margen de mi insistencia en que determinado número de entradas siempre sean de un precio lo bastante bajo para que los estudiantes se las puedan permitir, el lado económico siempre lo gestionan mis promotores, y afirmar que yo, o mis promotores, habíamos exigido repetidamente unos honorarios exorbitantes es pura invención. Pero se trata de un ejemplo perfecto de cómo funciona la industria de la música clásica. Hay un rechazo casi total de cualquier cosa nueva o distinta. Son muchísimo más felices dejando las cosas tal y como han estado en los últimos trescientos años, de modo que a cualquiera que trate de cambiarlas, aun cuando respete la música al cien por cien, se le trata con recelo, rabia y desprecio. Hay que desacreditar a esa persona, ponerla en su sitio y expulsarla.

Mis promotores hablaron con la fundación que se había asociado con nosotros para aquel concierto y que había dispuesto que el dinero llegase a Save the

Children. Molestos por lo sucedido, los miembros de esta dejaron claro que no pensaban lo anterior en absoluto y que sabían que no era cierto. Así pues, tanto nosotros como ellos pedimos al tipo que se disculpase por escrito. Porque, a efectos prácticos, lo que había dicho en un foro muy público era, en sustancia, que yo estaba robando a una organización benéfica el dinero prometido, que había mentido lisa y llanamente sobre mis honorarios y que era un gilipollas. Se había confirmado al cien por cien que hasta el último céntimo de las entradas (miles de euros) iría a Save the Children, y que ese tío diera a entender otra cosa suponía faltar a la verdad.

Tras muchas reticencias, escribió una breve nota de dos frases en la que decía que quizá no debería haber usado un espacio público para exponer lo que pensaba de mí, lo cual fue la peor disculpa de todos los tiempos. Cuando contestamos que con eso no bastaba, entonces sí redactó una carta de disculpa en la que reconocía que no contaba con información contrastada, que lo que había declarado no se basaba en datos reales. Se notaba que las palabras rezumaban rabia. Las personas como él nunca han tenido que rendir cuentas de nada en su vida. Son intocables, la vieja guardia de la música clásica, temidos por los alumnos, respetados por los organizadores.

En todo caso, di el concierto. Y quedé contento. Uno de los dos periódicos de Málaga sacó una crítica preciosa. El otro escribió una página larga, agresiva, furiosa, para asegurar que yo era todo un fracaso, pura mercadotecnia y un pianista horroroso. Se extendía con un nivel de ferocidad impresionante, con todo lujo de detalles. Y ¿sabéis qué? El tío que la hizo era el mejor amigo del director de la sociedad filarmónica de Málaga a quien habíamos pedido que se disculpase por mentir.

Como niños en el patio del recreo.

Vamos a ver, criticad lo que queráis. Que sea de forma constructiva; si no te gusta cómo toco, pues dilo. Sé muy bien, y lo he repetido con frecuencia, que desde un punto de vista técnico no estoy en la liga de Kisin, Hórowitz, Brendel o Perianes. Pero cuando se redactan mil palabras con un tono tan furibundo, de un modo tan evidentemente personal, tiene toda la pinta de que el grupito está cerrando filas. La misma mentalidad que tienen los profesores de música y los «fans» de la clásica que me mandan fotos y enlaces a información sobre otros pianistas, que me dicen que ellos sí que lo son de verdad y que debería darme vergüenza.

Me temo que siempre será igual. El esnobismo no se erradica de la noche a la mañana. Coño, si es que no se ha erradicado en casi medio milenio. Pero sí sé una cosa: prefiero con mucho llegar a un público nuevo, que acude a disfrutar de la música, no solo a que lo vean llevando el abrigo de pieles más peludo del barrio de Salamanca; a los aficionados de la música que normalmente no tendrían el impulso de acudir al Palau, al Auditorio o a la ópera a escuchar como un pianista interpreta a Chopin. Cuando pienso en el efecto milagroso y siempre vivificante que este tipo de música ha tenido en mí toda la vida, me parece, ahora más que nunca, que cuanta más gente pueda experimentar lo mismo, mejor. Funciona casi como una droga de iniciación: no sabes nada de música clásica, vienes a uno de mis conciertos o me ves por Instagram tocar a Beethoven, Bach y Chopin, te enamoras de Chopin, vas a casa, tienes un acceso inmediato y gratuito a todo lo que compuso, e inicias un recorrido que durará toda una vida. Menudo regalo.

En fin, no debería dejar que estas cosas me molestaran. Y casi nunca lo hacen. Mi meta siempre ha sido, y sigue siendo, conseguir ser inmune tanto a las críticas como a los halagos. Hay días mejores que otros, pero me parece un buen objetivo, uno que me baja los humos. También he descubierto que me es muy útil recordar cómo era mi vida antes de venir a España y fijarme en cómo es desde mi llegada. Pienso en los años de total infelicidad pasados en el Reino Unido, dando conciertos, pero destrozado por dentro, con una sucesión de relaciones fallidas y horribles, una tristeza fría y profunda, una familia distante, un malestar general y una ansiedad también generalizada. Y entonces, de un momento a otro, se despliega con gran belleza mi nuevo mundo: conciertos con las entradas agotadas en algunas de las salas más bonitas del mundo, un nivel de tranquilidad y de benevolencia hacia mí mismo que jamás había sentido, la sensación regular del sol en la piel, el estómago lleno de comida fresca y nutritiva, saberme acogido y protegido.

Además, a una pequeña parte de mí le gusta que ciertas personas se indignen. Los críticos y músicos que me acusan de ser una mierda de músico en Twitter o en un periódico nacional o los matones de la derecha que aseguran a gritos que soy una persona horrible por inmiscuirme en «sus» leyes son unos putos aficionados al lado de mi crítico interno. Y si los periodistas observaran el mismo nivel de profesionalidad que esperan de mí como pianista, no tendrían mucho que escribir.

Por difícil que se pusiera la cosa a las cuatro de la madrugada, cuando las voces interiores me gritaban llenas de furia, por solo que me sintiera, era consciente de la gran verdad de que no te ahogas por caerte al agua, sino por no salir de ella. Y todas esas experiencias me estaban enseñando a nadar.

Ya en ausencia de mi madre, sentí que España asumía su papel. Por raro que suene, me sentía envuelto en sus brazos, protegido. A pesar de la prensa, la política, las chorradas agresivas y superficiales, y el odio en ciertos sectores, aquí me parecía estar a salvo, entonces más que nunca. El vacío que había dejado mi madre al morir jamás se llenaría. Pero descubría que el espacio dejado por ella era muchísimo más llevadero si España llenaba mi corazón de amor.

Un par de días antes de su muerte, mi madre me escribió una carta. La recibí más o menos una semana después del funeral. Es larga y preciosa, y aún no puedo leerla sin echarme a llorar, del mismo modo que no consigo borrar su nombre y su número de los favoritos del móvil. Pero hay un breve párrafo que quizá no le importaría que difundiese, porque al leerlo, después de dudar tanto de mí mismo, de creerme un fraude y de tener el puñetero síndrome del impostor, me pareció que sus palabras, viniendo de una madre agonizante, tienen, si Dios quiere, cierta dosis de verdad.

Te veo todavía al principio del camino, querido James. Un principio enorme y maravilloso que has creado tú solo. Qué lugar tan glorioso para que una madre deje a su hijo. Claro que me habría gustado quedarme para ver cómo emprendes el viaje, pero créeme, me basta con haber llegado hasta aquí, haber visto cómo despegas en la escena mundial, con todo por delante y grandes cosas a punto de llegar. Y la guinda del pastel es que vas a cambiar enormemente la vida de la gente. De personas jóvenes, traumadas, olvidadas. Has desarrollado una voz de alcance mundial y sé que la utilizarás con sabiduría y amor. Ya lo he dicho y lo repito: estoy ORGULLOSA.

Acaba diciendo: «Siempre estaré a tu lado, nunca debes dudarlo. Llámame y estaré cerca de ti, siempre pegada a ti, como tú lo has estado a mí».

Al morir, me había dado lo que más había buscado y necesitado en la vida. Y, por fortuna, no era demasiado tarde. Yo no tenía ni idea de que ella fuera capaz de hablar así. De ser tan abierta, sincera, franca. Su voz me brindó el aliento y el permiso necesarios para empezar de cero. Sin dejar de tener presentes a las personas jóvenes, las personas traumadas, las personas olvidadas.

Decidí ponerlo en marcha por dentro y por fuera. Empezaría a creer un poco más en mí mismo, seguiría luchando por la nueva ley de protección infantil (recurriendo a una voz interior más resiliente, más fuerte) y también me mudaría a un nuevo barrio, con energía renovada y la sensación de un nuevo inicio.

ESPERANZA
Capítulo 22

Me parecía que debía cambiar de entorno tras la muerte de mi madre. Empezaba un capítulo completamente nuevo de mi vida. Seguía teniendo la sensación de que ella al fin estaba en paz y libre de preocupaciones. Notaba que me había dejado una sensación de optimismo y esperanza, que se había ido de mi lado sabiendo que yo iba por buen camino. Es paradójico y un poco triste que la seguridad de la que carecía cuando ella formaba parte de mi vida me la hubiera concedido, súbitamente, al fallecer.

Mi casa del barrio de Salamanca era preciosa, tranquila y acogedora. Pero no me parecía que estuviese en el Madrid de verdad. Y me daba un poco de asco la cantidad de partidarios de Vox que se paseaban por esa zona con sus hijos agitando banderas verdes.

Un amigo mío vivía en un edificio maravilloso de Chamberí. Me llamó, me dijo que el vecino de abajo se marchaba y que era un apartamento espléndido: luminoso, amplio y con vistas increíbles. Mica y yo fuimos a verlo y, bueno, pues sí. Es un piso para toda la vida. Firmé en el acto. Nunca he vivido en un sitio tan bonito. La luz entra a raudales por las ventanas desde las ocho de la mañana hasta las diez la noche en verano; tiene terraza y espacio para mi piano. Ah, sí, mi piano. Pocas semanas antes había decidido que, con ciertos cálculos minuciosos, un gestor bancario simpático y unas pocas súplicas, estaba en posición de dar el salto del piano vertical a un Steinway de cola.

En un momento de asquerosa irresponsabilidad, fui de nuevo a Hinves Pianos, probé tres instrumentos, elegí el mejor (me quedó claro enseguida) y, antes de lamentarlo, dije: «Me llevo este, por favor». Después intenté no pensar mucho en el tema. Me daba la impresión de que había comprado un Porsche cuando solo tenía presupuesto para un Skoda.

Pero cuando llegó… Ay, Dios, cuando llegó y comprobé que cabía tan bien en la casa nueva y el sonido era brillante, precioso, perfecto, el mismo mecanismo de percusión y la misma sensación al tacto que en los pianos que toco en el escenario, me senté un minuto anonadado, mirándolo por todos lados, contemplando el piso, las vistas, a la chica más buena y preciosa del mundo, y pensé: «No entiendo cómo coño me ha pasado todo esto».

Pasé las primeras Navidades (2019) sin mi madre y me dolió. Me operaron de una hernia justo antes de las fiestas. Mi primera intervención médica aquí en España. Fui a una clínica que quedaba a cinco minutos andando de mi casa, me abrieron entero, me metieron medicamentos a saco y me trataron de maravilla sin excepción. Los médicos, las enfermeras, los miembros de todo el equipo me trataron de manera profesional, amable, comprensiva. Me recordaron a las enfermeras españolas que habían cuidado a mi madre en Londres; eran nuestras favoritas. Aunque dolió de la hostia. Cada vez que tosía sentía que iba a partirme en dos. De los estornudos mejor ni hablamos. No podía tocar el piano, caminaba a duras penas y me prohibieron las relaciones sexuales durante un mes. Lo más triste de todo es que la ausencia del piano fue lo que más me molestó.

El cirujano me aseguró que estaba lo bastante bien para coger un avión prácticamente sin dolor (mentira, por cierto), así que me largué a Buenos Aires con Mica para evitar el bajón al que me exponía en esa época del año sin mi madre, y estuve con su familia y amigos. A pesar del agónico vuelo de trece horas, en el que fui puesto hasta arriba, viví un momento mágico en un país mágico; le doy mi voto a cualquier sitio en el que se alcanzan los 33 °C en Navidad y en el que es prácticamente ilegal no hacer un asado en casa.

Argentina es un país donde el 41 por ciento de la población vive en la pobreza, y la grieta nunca ha sido más evidente o más aterradora. Sin embargo, a mi alrededor vi personas que decían creer que les esperaba un futuro mejor.

Observé a Mica y a su familia, un grupo de personas estrecho, conectado, desenfadado, transparente. Me maravillaba y me sentía agradecido por ella. Y triste por no haber vivido nunca algo así. Una parte de mí se preguntaba si quizá podría llegar a tener algo parecido. Crear una familia que no acabara destrozada por el divorcio, desperdigada por el mundo, incomunicada por culpa de la negación y el resentimiento. Organizar juntos una comida de Navidad con risas y cercanía. Me parecía algo enorme, increíble, alejadísimo de la realidad. Y, no obstante, bueno..., posible. ¿Por qué no? Al fin había encontrado mi hogar en España, es el país perfecto para fundar una familia, estaba enamoradísimo de una mujer que me quería con la misma intensidad...

¿Podía suceder? ¿Una verdadera segunda oportunidad, no solo de encontrar un hogar, sino de crearlo para mi propia familia? Me ponía nervioso estar con los suyos en un momento tan íntimo del año, pero Mica me dijo: «En mi familia solo tenemos una regla para estas ocasiones: hay que reírse». Y lo dijo con tanta dulzura y tanta verdad que se me pasaron los nervios. Reímos y comimos y me fui a acostar lleno de analgésicos, pero sonriendo. Disfruté de formar parte de algo tan lleno de amor.

Capítulo 23

Regresé a Madrid y seguí incordiando a los políticos, que no daban indicios de estar considerando la nueva ley, menos aún de priorizarla. Me había enterado del horrendo caso de tráfico de personas y prostitución en las Baleares, en centros de menores supervisados por las autoridades locales. Y noté el silencio ensordecedor con que reaccionó el Gobierno.

Como ya he dicho, cada vez que se vincula a un partido político con el abuso infantil, sus adversarios sacan tajada encantados. No del horror del abuso en sí, sino de la victoria partidista y la munición que les proporciona para atacar a la oposición. Siempre que un partido de izquierdas se ve implicado en un caso de abuso sexual, como en el de Mallorca, recibo un abrumador torrente de mensajes en los que se me acusa de apoyar a los abusadores de niños y formar parte de una conspiración de silencio. Las chorradas de siempre. Incluso me insultan y me echan la culpa de que no se arregle el tema, como si yo tuviera la capacidad de abrir investigaciones o contara con un equipo de agentes de policía. Me sorprende que la gente me grite por «no hacer nada por los pobres niños de Mallorca», sin siquiera tratar de enterarse de lo que he estado haciendo. Y me duele porque es una cuestión muy personal. Ya me siento muy culpable y creo que, de un modo u otro, debería hacer más; y, desde luego, llevo a cabo muchas cosas entre bambalinas que no trascienden.

Nunca me callo en relación con este asunto. Da igual de qué personas estemos hablando. Aquel año, se acercaban los Premios Goya y yo iba presentar un galardón. Tenía que pronunciar un breve discurso de presentación y me pareció que se trataba de una buena ocasión para utilizar ese altavoz.

Los Goya son impresionantes. No es el mundo en el que suelo moverme. No estoy relacionado con la industria cinematográfica ni con la televisiva, así que fue un honor que me invitasen. La experiencia fue rara. Cuando intentas mantener una conversación con alguien, la otra persona no deja de pasear la mirada por la sala que está a tus espaldas para ver si encuentra a alguien más famoso con quien hablar. Así es el mundo del espectáculo, supongo. Conocí a Almodóvar, con quien, aunque yo sea hetero, me casaría sin pestañear porque desprende compasión y es un puto genio. También me hizo ilusión conocer a Carles Puyol; estuve con Banderas y Penélope y, en general, me entregué al ambiente de revista *¡Hola!* de este tipo de eventos. Fue embriagador y me sentí como un niño. De nuevo, ¿cómo coño había acabado ahí?

Aproveché para hacerle una encerrona a Sánchez y volver a preguntarle qué pasaba. Fui un poco fresco. Sabía que él estaba presente, aunque no lo había publicitado mucho. Así que me dediqué a pasearme por el recinto hasta encontrar una sala con dos tíos enormes en la puerta, con pinganillos. Los abordé y les solté: «Oye, ¿le podéis decir a Pedro que ha llegado James? Me está esperando». Cuando se abrió la puerta para que salieran él y su séquito, Sánchez tuvo la delicadeza, bendito sea, de no mandarme a tomar por saco. Charlamos unos minutos y le recordé con cortesía que lo urgente era urgente y, muy amablemente, le pregunté qué hostias pasaba.

Sabía que sus intenciones eran buenas. También sabía que la política en España es muy delicada. Él dirigía un Gobierno de coalición: las cosas eran inciertas y estaban divididas y fragmentadas. Aun así. Se trataba de una ley clarísimamente humanitaria, apolítica, sumamente necesaria. De manera que seguí insistiendo. Incordié a Iglesias. Acosé a Sánchez. Forcé reuniones con el ministro de Sanidad. Seguí preguntando públicamente por qué el asunto no avanzaba. A esas alturas ya me había acostumbrado a la experiencia surrealista de reunirme con jefes de Estado y políticos importantes. El impacto inicial se me había pasado y sentía más frustración que deseos de inflar egos o mostrarme obnubilado. Tampoco era mi primera vez. Anteriormente me había reunido con Justin Trudeau y le había rogado que se implicase más en la educación musical. Lo mismo con el alcalde de Medellín; Camila, la duquesa de Cornualles; y el ministro de Economía de Canadá. Había estado a punto de liarme a golpes con Boris Johnson (es difícil no hacerlo). Lo cierto era que siempre me había prometido que, si llegaba a tener un altavoz, lo usaría para algo útil.

Cuando llegó el momento del discurso, me salté completamente el guion, hablé con detalle de la tragedia de las Baleares y afirmé que había que hacer algo. Hubo aplausos; mi intervención pareció ser un buen recordatorio, la oportunidad de aplicar presión y mantenerla, más aún teniendo en cuenta que Sánchez estaba entre el público y la prensa muy presente. En su línea, *El Mundo* cubrió mi participación en el evento sin destacar aquella escandalosa tragedia, sino limitándose a decir que no habían entendido nada de lo que había dicho porque mi castellano era una auténtica mierda.

Además, escribí un furioso artículo en *El País* sobre aquel caso porque me angustiaba mucho que nadie rindiera cuentas ni se tomaran medidas, sobre todo en el marco de un Gobierno que había prometido un fuerte apoyo a la protección infantil.

Estaba claro que, si nadie hacía nada con respecto a aquel reciente y espantoso incidente de abuso, Mallorca no sería sinónimo de arena, sol y guiris borrachos y abrasados que se tiran por los balcones, sino que estaría al nivel de Rotherham, los maristas, Larry Nassar, Jimmy Savile, los abusos de la Iglesia católica. Y muy merecidamente.

Todos los ejemplos de violaciones infantiles en una institución tienen los mismos ingredientes: niños vulnerables, adultos con una autoridad que los vuelve intocables, la invisibilidad propia de los niños, la cultura del silencio. Esto último es responsabilidad de todos. Hubo una lamentable escasez de informaciones sobre aquel horrible caso. Y cuando se hablaba de él, no era con el fin de exigir con indignación y objetividad un cambio, sino casi exclusivamente con la cínica intención de utilizar la violación y la prostitución de los niños como munición política.

Las instituciones son la última alternativa para los niños que ya están olvidados, sin recursos, solos y dañados. Las familias de origen son inviables por las peores razones, los hogares de acogida carecen de espacio, la calle es la única opción. Los recogen como si fueran perros vagabundos, los meten a la fuerza en centros en los que casi no hay protección ni vigilancia, no reciben formación y, si no tienen permiso de residencia, se les prohíbe trabajar. Cuando no cuentas con formación ni oportunidades laborales, tu cuerpo es tu única fuente de ingresos posible. Es lo mismo que si a estos niños les pusiéramos el cartel de «Cómprame». Son el sueño húmedo de un pedófilo.

Es de una ingenuidad rayana en la ignorancia voluntaria creer que el de Mallorca fue un caso aislado. En todas las comunidades autónomas de España hay centros de protección a la infancia y, de forma muy confusa, cada comunidad los gestiona de forma distinta. Están llenos de adolescentes en situación de exclusión social que no tienen adonde ir y a los que el ofrecimiento de unas Nike nuevas o un cartón de tabaco les basta para comerciar con lo único que les queda por dar. Y en muchos casos, si se niegan a entregarlo, directamente se lo arrebatan con violencia e impunidad.

Viví otro momento de absoluta incredulidad en el que me pareció que, en determinadas circunstancias, mi querida España (al igual que muchos otros países) puede ser un país bárbaro e implacable en lo referente a la protección de los menores. Por definición, los centros de acogida deberían brindar espacios seguros. Deberían emplear a personas debidamente capacitadas, ofrecer una bolsa de trabajo y formación, disponer de mecanismos accesibles y visibles de presentación de denuncias para los niños que sufren abusos, a los que explotan, usan, se follan y desechan a diario. En la actualidad, nada de eso existe de un modo fiable y cohesionado en todos los centros. Y estamos hablando de España. Un país que ocupa el primer puesto en la lista de Bloomberg de los «más sanos». Para mí lo es, claro. Pero no si eres un niño sin recursos.

Los políticos de todos los partidos se limitaban a soltar proclamas, trataban de anotarse tantos y se comportaban como matones de patio de colegio. Prometían cosas, soltaban grandes frases mediáticas y se hacían la foto en cuanto podían. Anunciaban nuevas leyes de protección a la infancia que tardarían muchísimo y requerirían esfuerzos hercúleos para ponerse en marcha. Juraban de forma unánime proteger los derechos de la infancia y hacer del mundo un lugar más seguro. Pero con solo abrir los ojos el público vería la realidad de la situación imperante: no solo había demasiados niños en peligro y desprotegidos en España, sino que además corrían el riesgo de acabar completamente abandonados.

Escribí en el periódico que era imprescindible una investigación apolítica, independiente y exhaustiva hecha por expertos sobre la tragedia de Mallorca, y también se lo comuniqué directamente a los políticos. Era urgente. Y habría que poner en práctica pronto sus conclusiones y recomendaciones.

No pasó nada.

Como siempre. Gritamos, nos indignamos, exigimos respuestas y la vida sigue, con violaciones y todo. Estaba tan furioso que exigí una reunión con Iglesias. Para entonces, Sánchez le había encomendado la nueva ley de protección infantil, dentro de sus atribuciones como vicepresidente. Fui a verlo. Dispuesto a pelear.

Resultó que no me hizo falta pelear para nada. Esperaba que Iglesias fuera…, bueno, la verdad, una persona difícil. Quisquilloso, irascible, impaciente. No sé por qué. Prejuicios fáciles por mi parte. No podía equivocarme más. El tío era tranquilo, humilde, serio, inteligente que te cagas. Y durante la reunión me pareció que avanzábamos mucho. De repente, la ley pasó de ser una esperanza a convertirse en un plan tangible y empecé a creer en ella de verdad. Nos vimos el 4 de febrero de 2020 y Pablo me aseguró que la ley, o al menos el borrador, podía aprobarse en el Consejo de Ministros al cabo de un mes. No daba crédito a mis oídos. Se mencionaron todos los puntos que yo quería ver recogidos: un plazo de prescripción más largo, testimonios de las víctimas a puerta cerrada, una reforma a fondo del sistema legal y judicial, mejor formación, educación, apoyo. De pronto todo eso estaba al alcance de la mano.

Capítulo 24

Dos días después me fui de Madrid porque tenía un concierto en Girona, después del cual me tocaba otro en el Liceu de Barcelona. ¡El Liceu, joder! Tal vez la ópera más bella del mundo; una sala que, a mi entender, es la mejor y más prestigiosa de toda España. Nunca había tocado en ella y por poco no me cagué encima de los nervios y de la emoción. Los conciertos en días seguidos siempre me cuestan. La adrenalina posterior a un concierto suele impedirme dormir hasta las tres o las cuatro de la madrugada, y tocar al día siguiente habiendo dormido tan poco es complicado. Pero era el Liceu y esperaba que su energía me sostuviera.

En Girona lo pasé de maravilla. Una ciudad sumamente bella, tranquila, acogedora. Toqué bastante bien, comí como un rey, no dormí mal (gracias, Rivotril) y, al día siguiente, hice el trayecto de cuarenta y cinco minutos en coche a Barcelona. No os hacéis una idea de lo que fue entrar en el Liceu por primera vez. Imagino que algo muy parecido le pasará a un niño fanático del fútbol al acceder al Old Trafford o al Camp Nou (o al Benito Villamarín).

Fue una experiencia que jamás olvidaré. Los ecos de todos mis héroes estaban en el ambiente y lo absorbí todo con felicidad, gratitud y asombro.

Se habían vendido todas las entradas. Ante mí tenía a dos mil personas escuchando a Beethoven. En 2020 se cumplían los doscientos cincuenta años de su nacimiento y mi gira de ese año celebraba la efeméride. Tocaba tres sonatas suyas: la *Pastoral*, la *Waldstein* y la superíntima *Sonata núm. 27*, de su último período.

Merece la pena que nos detengamos un poco en Ludwig.

La atribución de fechas y compositores a diferentes épocas musicales funciona para todos, excepto para Beethoven. Está Bach, el maestro del Barroco; Haydn y Mozart, las superestrellas clásicas. Tenemos a Brahms, Chopin, Berlioz y Liszt, los románticos. Luego están Bruckner, Mahler y Wagner, que marcan el comienzo de la música en el siglo XX, y los Stravinski y Schoenberg, con su «tiranía de la línea de la barra» y la «emancipación de la disonancia». Y ahí está Beethoven, solo.

Nacido hace doscientos cincuenta años, compuso su *Novena Sinfonía* en 1824 y esperó pacientemente hasta principios del siglo XX para que Mahler recogiera su manto. Sus últimas tres sonatas para piano (1820-1822) quizá encontraron un igual solo cuando Prokófiev comenzó a trabajar en sus *Sonatas de guerra* en 1942. Sus últimos cuartetos de cuerdas (1825-1826) siguen sin ser superados. Antes de Beethoven, los compositores trabajaban para la gloria de Dios. O para un mecenas. Beethoven escribió para sí mismo. Fue una superestrella en Viena, reconocido como el mejor compositor del mundo. Y lo sabía: «Siempre habrá muchos príncipes y emperadores, pero solo habrá un Beethoven», dejó escrito. Trascendió el ego, Bowie *style*, porque sin lugar a dudas sabía que estaba escribiendo para la eternidad. Su confianza en sus habilidades era la única gran verdad en su vida y se aferró a ella con suma tenacidad porque lo mantenía vivo. «A mi arte le debo el que mi vida no acabara en suicidio», escribió. Sus letras están llenas de disciplina y maestría.

Su música es pura interioridad, pura intimidad. Beethoven es el compositor más interpretado y venerado que existe. Ha eclipsado a todos los demás, y su sombra cae sobre cada manuscrito musical. Beethoven logró la iluminación musical. Es y siempre será el punto de referencia, el profeta y el pico absoluto del genio compositivo al que todos los demás aspirarán.

Bach, Beethoven y Mozart son sin duda la santa trinidad de la música. Pero Beethoven es único por su humanidad. Bach y Mozart tenían dones que venían directamente de Dios. No soy creyente, pero simplemente no hay otra explicación posible de la profundidad del genio que mostraron. Beethoven, por otro lado, estaba solo. Labró cada nota con sudor, trabajó incansablemente cada melodía. Los manuscritos de Bach y Mozart presentan un aspecto impecable frente a la locura desordenada, tachada, casi indescifrable de Beethoven. Mientras Mozart lanzaba sinfonías al papel lo más rápido que podía escribir, apenas sin hacer correcciones, Beethoven se esforzaba, luchaba, pugnaba, se debatía y se enfurecía.

En 1805 compuso su sinfonía *Eroica*; dos veces más larga que cualquier otra anterior, escrita para una orquesta del futuro y con una llave compulsiva con la que la música entró en el siglo XIX. Su invento y recurso nunca se vieron afectados: su *Quinta sinfonía*, descrita por E. M. Forster como «el ruido más sublime que jamás haya penetrado en el oído del hombre», tiene una estructura entera que se erige sobre la base de cuatro notas de golpe de martillo. Su música es única: no se ha creado nada parecido, nada la alcanzará.

Si estudiamos a Shakespeare, nos mostrará quiénes somos. Si escuchamos a Beethoven, un hombre atormentado y aislado, que escribió simplemente para justificar su existencia artística e intelectual, nos mostrará quiénes podríamos ser.

Le había dado muchas vueltas al programa. Lo iba a interpretar todo el año, de Barcelona a San Sebastián, de Düsseldorf a Toronto; muchas personas de mi público jamás habían escuchado entera una sonata de Beethoven. Por eso, las obras elegidas debían tener sentido, contar una historia, cautivar.

Abrir con la *Pastoral* encajaba a la perfección. Beethoven la compuso cuando se dio cuenta de que sus problemas de audición empeoraban y eran permanentes. Jamás recuperaría el oído. Un compositor. Sordo. Por el resto de su vida. Cabría imaginar una pieza musical para despotricar contra Dios, el universo, el mundo. Pero no. No en el caso de Ludwig. La sonata empieza con el latido de su corazón. Un re suave, repetido, que marca el compás, en cada compás, casi ochenta veces. Como si al perder el oído no le hubiera quedado otro remedio que refugiarse en su interior, donde sus latidos se volvían más sensibles, más evidentes y aportaban el bajo y la columna vertebral de las melodías que aparecen encima. Este primer movimiento representa a la perfección la palabra que más empleo para describir a Beethoven: «interioridad».

Se trata de una obra íntima, de veinticinco minutos de duración, formada por cuatro movimientos (cada uno de ellos, como el capítulo de un libro). El segundo es más oscuro, más funerario y, de nuevo, presenta el latido de un corazón, en esta ocasión un latido que se repite una y otra vez. El tercer movimiento es breve, alegre, incluso gracioso. Hacia la mitad repite la misma melodía seis veces, cada vez sobre una línea de bajo distinta, imagino que para llevar a cabo una especie de experimento armónico, por pura curiosidad. Se desintegra en la nada al cabo de tres minutos y llegamos al movimiento final, el que da el nombre de *Pastoral* a la obra.

A Beethoven le obsesionaba la naturaleza. Paseaba por el campo todo lo que podía y en este movimiento se oyen sus paseos hechos música. Aunque, bueno, hablamos de Beethoven, así que no es una caminata tranquila. Cada pocos minutos se le enciende el ánimo y por fin experimentamos y vemos la rabia que le inspira la injusticia de su pérdida de audición. No obstante, también vemos su tremendo corazón. Su empatía. La compasión que siente por sí mismo y por el mundo. Siempre, a pesar de los exabruptos, regresamos a su agradable paseo por la naturaleza, mientras se reconcilia con su situación de un modo que solo puede inspirar a quienes escuchan. El final es extraordinariamente difícil de tocar. Una digitación superrápida, grandes saltos de la mano izquierda y un final de una dicha y una aceptación puras. Es glorioso. En mi caso, tengo la sensación de que he nacido para interpretar esta sonata. La recuerdo sin ninguna duda, percibo muy bien las notas bajo los dedos. Es una buena elección con la que comenzar un concierto de noventa minutos.

Tras este paseo por la naturaleza, escogí la *Sonata Op. 90*. Es en tono menor y dura la mitad que la *Pastoral*. Cuenta la leyenda, con toda seguridad apócrifa, que el primer movimiento presenta la contienda de la cabeza y el corazón por una joven. A una frase dura y airada la responde una declaración más suave y razonable. Se produce un ir y venir anguloso, agresivo, desigual. Cualquiera que se haya obsesionado y complicado la vida por un amante se identificará por completo. El segundo y último movimiento es mucho más amable. Una canción sin palabras y, de nuevo, según se dice, una conversación entre dos amantes. Beethoven en plan romántico a tope; la sonata termina con un susurro, cuando los amantes se abrazan y se duermen tras su conversación de cama.

A continuación, termino con mi sonata para piano predilecta de las treinta y dos que compuso: la denominada *Waldstein*.

El conde Waldstein era un rico mecenas que reconoció la genialidad de Ludwig y que básicamente le dijo: «Tío, no te preocupes por las facturas y esas chorradas, que te las pago yo. Tú dedícate a componer. Yo te apoyo». (Comentario al margen: si algún personaje tipo Amancio Ortega, pero que no explote a los trabajadores, está leyendo esto y le apetece hacer algo parecido, que se ponga en contacto conmigo a través de mi página web.) En agradecimiento, Ludwig le dedicó esta sonata. Como forma de dar las gracias, pues es la putísima hostia. Acababan de llevarle un piano nuevo. Imaginad a un adolescente al que le regalan un iPhone el día en que se pone a la venta. Excitación. Pura adrenalina. El piano tenía un sonido más potente, un mecanismo nuevo, y suponía una mejora general en todos los aspectos. Y sin las mierderas condiciones laborales de China, un precio excesivo ni evasión fiscal.

Así pues, igual que un niño con un juguete nuevo, desde el principio Beethoven nos dice a gritos: «¡Coño, escuchad lo que puede hacer esta puta maravilla!». Por cierto, los tres elementos esenciales a la hora de tocar el piano son las escalas, los acordes y los arpegios. Lo recordará todo aquel que haya tenido que soportar clases de piano en la infancia. Pues bien, Ludwig crea todo el primer movimiento recurriendo únicamente a esos tres elementos. Acordes, escalas, arpegios. En manos de cualquier otro compositor, el resultado sería de una sosez insoportable y parecería un ejercicio para piano de Hanon. Pero ¿en las suyas? Es una obra maestra de nueve minutos en términos de estructura, desarrollo, armonía e inventiva. La puta bomba. También es difícil hasta decir basta.

El segundo movimiento es breve, mucho más interior: tres minutos oscuros, interrogativos, tenebrosos y surreales que preparan el final. Y, madre mía, menudo final. Un final rompededos, mágico, intenso, milagroso y virtuosista. Los franceses han bautizado esta sonata *Amanecer* porque en la apertura del último movimiento parece que sale el sol de un nuevo día, con todas las posibilidades de las cosas buenas, malas e intermedias que traer consigo. Hay momentos de una dificultad tan increíble que tocarlos es como correr un maratón a toda pastilla. El movimiento dura casi doce minutos y contiene el mundo entero: belleza, fragilidad, romanticismo, rabia, esperanza, desesperación, dicha, furia. Es total. Lo tiene todo. Beethoven aprovecha al máximo su nuevo piano y recalca literalmente a martillazos todas las emociones del ser humano. En esta pieza, nos enseña quiénes podríamos ser.

Toco bien. De algún modo, la energía contenida en las paredes, los techos y el escenario de esta sala increíble ayudan a construir algo de lo que me enorgullezco. Cuesta explicar las diferencias que presentan ciertas salas y cómo influyen en una interpretación. En el Palau de la Música de Barcelona hay unos bustos de grandes compositores dispuestos sobre el escenario como para recordarte que te observan y que más te vale no cagarla. Eso redobla el reto, me hace sentir una pequeña parte de la historia y me recuerda la magia que crearon esos genios. Y luego está el techo, con su tremenda opulencia. Cuando toco allí, me siento miembro de la realeza. Y en el Liceu me pasa lo mismo. No de un modo egocéntrico, pero es que, por Dios, solo salir al escenario y mirar las butacas me marea. Hay tanto oro, tal variedad de colores, tanto espacio… Y —me echo a temblar al escribirlo— estaba a punto de actuar ahí. Un chaval jodido que no era nadie estaba a punto de salir al escenario del puto Liceu y tocar un Steinway de ciento treinta mil euros delante de dos mil personas. Era una sensación increíble. Tras el concierto estuve deambulando en una nube de felicidad.

Caí en la cama, ebrio de felicidad gracias a Beethoven y Barcelona, y dormí profundamente.

En el sexto y en el séptimo lugar de la lista de reproducción he añadido un par de movimientos de estas sonatas increíbles, para que las viváis en primera persona.

Capítulo 25

A la mañana siguiente me desperté en la habitación del hotel y mi móvil echaba humo. Resulta que Pablo Iglesias había salido en una cadena nacional de televisión y había dado una entrevista en la que anunciaba la nueva ley de protección infantil (hostia puta, se iba a hacer realidad), pero, en vez de hablar de Ley de la Infancia (el nombre más lógico y natural del mundo), por algún motivo había decidido llamarla sin mi conocimiento «ley Rhodes» y había explicado que se iba a concretar no solo por el esfuerzo incesante de Save the Children y la dedicación de cientos de profesionales y activistas, sino también gracias a mí. Después de la entrevista me llamó y me dijo que esperase que la tratasen en el Consejo de Ministros, para que luego la aprobase el Congreso, en el plazo de un par de semanas.

Me quedé atónito. Fue una sorpresa maravillosa que aquello fuese a ocurrir tan pronto. Pero el nombre de la ley me pilló desprevenido y me pareció claramente inadecuado. Ya sé que en España no se le puede poner el nombre de una persona a una ley. Oficialmente se les da números, no nombres. Pero también sé que se pueden utilizar nombres informales al referirse a ellas y que, cuando la prensa empieza a utilizarlos, cuesta mucho cambiarlos. Por eso, lamento que no me hubiera llamado y me hubiera preguntado; yo lo habría instado a que usase otro nombre, cualquier otro que no fuera el mío, porque…, en fin, pese a que yo había desempeñado un papel mucho menor que tantas otras personas cuyo nombre sería más indicado, era consciente de lo que iba a pasar a continuación. Y, cómo no, lo que sucedió fue tristemente predecible. Algunos me mandaron comentarios maravillosos, apoyo y palabras amables. Muchos aplaudieron la nueva ley. Pero, dado que era una ley de España, promovida por un Gobierno de izquierdas y bautizada con el apellido de un extranjero que se gana la vida con una actividad artística, llegó un torrente de insultos, rabia, indignación y asco.

De nuevo, el mensaje sencillo, vivificante y muy humano que transmitía la ley (violar niños está mal, una ley que ayude a prevenirlo está bien) quedó completa, consciente y vergonzosamente olvidado. Todo se convirtió en una lucha entre la izquierda y la derecha. Era obvio que un «pijoprogre gilipollas y extranjero» no debería estar en «nuestro país» diciéndonos cómo ocuparnos de «nuestros hijos». Me mandaron largas listas de personas que eran mucho más importantes que yo y que merecían más ese honor. La prensa de derechas se puso histérica. *El Mundo*, como era de esperar, sacó un largo artículo en el que se hablaba de mí, de mi hijo con discapacidad cuya custodia había perdido (las dos cosas completamente falsas, incluso difamatorias), de mi novia y de su pasado, se inventaban cifras de lo más erróneas sobre cuánto ganaba por concierto, mencionaron mis raíces judías, de paso me acusaron de querer ser el centro de atención y un narcisista, y en líneas generales daban a entender que era gilipollas. Todo eso a propósito de la nueva «ley Rhodes».

Solo porque mi nombre se había asociado, sin que yo lo supiera ni lo aprobara, a una ley pensada para salvar vidas de niños.

Lo más impresionante del artículo fue que, en el gigantesco titular en que aparecía mi apellido, lo escribieron mal. En uno de los mayores periódicos del mundo. Tíos, si queréis embestir contra alguien y atacarlo, al menos escribid bien el nombre en el puto titular. Quizá hasta podáis llamar a esa persona para que dé su opinión antes de inventaros las cosas.

Se puede juzgar a la clase política de una sociedad bastante bien a partir del modo en que trata a sus niños. Y el hecho de que ahora estos hubieran desaparecido por completo del asunto, que todo se hubiera convertido en una pelea virtual a puñetazos entre la izquierda y la derecha, me llenaba de vergüenza y frustración.

A esas alturas había llegado a un punto en que no andaba muy allá emocionalmente. Me había sobreexpuesto para presionar a los políticos; había criticado a la izquierda, a la derecha y a cualquiera que hubiera ignorado o maltratado a la infancia; me habían atacado por internet y en la prensa; me habían dicho que había flirteado demasiado con mi profesor de gimnasia y que por eso me había follado; que no era bienvenido en España; que estaba claro que me había encantado que me follasen de niño y que solo servía para eso. Me habían acusado de ponerme de rodillas y comer polla para conseguir lo que quería tanto de pequeño como de adulto, que solo era un niño violado que se hacía la víctima y que intentaba tocar el piano y que ni siquiera eso lo hacía bien, así que me metía en política para hacerme famoso: la lista era creativa e infinita.

Había prometido a Save the Children que haría todo lo que estuviera en mis manos y creía haber mantenido esa promesa. Había destacado el problema y la necesidad de la ley en un sinfín de artículos; había hecho otro tanto por televisión y en la radio; había utilizado mi discurso en los Goya para que millones de espectadores no se olvidasen de los horrores de los niños que eran víctimas de tráfico de personas y violaciones en Mallorca; había montado en cólera y gritado y llorado y rogado en las redes sociales, en la prensa, con cualquier método disponible; había implorado e incordiado a amigos famosos para que brindasen apoyo, contactos, consejo, retuits; había pasado de ser un pianista y escritor que intentaba ayudar a una organización benéfica a la que respetaba a convertirme en alguien que luchaba por algo valiosísimo y profundamente personal y que, de vez en cuando, sacaba tiempo para dar conciertos y escribir. Y eso me estaba destrozando. Aunque Pablo me había prometido que todo iba a salir adelante, me lo habían dicho tantas veces que seguía sin fiarme.

Me había centrado tanto en este tema, me había obsesionado tanto, me había quedado tan atrapado y capturado, mi atención se había limitado tanto a una sola cuestión, que me resultaba casi imposible enfocarme en cualquier otra cosa. Llevaba tantos meses así, sintiendo un desasosiego cada vez mayor, que, al cabo, de manera devastadora, Mica y yo lo dejamos.

Fue terrible. Mi relación había fracasado porque yo no tenía los recursos emocionales para dedicarle la energía que merecía y necesitaba para funcionar. Era imposible convivir con alguien como yo: obsesivo, distante, abrumado, irritable, frustrado, enfadado, retraído. Y así despareció una de las cosas verdaderamente fantásticas de mi vida. De pronto, debía sobrellevar mi vida soltero, solo, sin el apoyo de mi mejor amiga y amante.

Lo peor de todo fue que me dio la sensación de que el hombre que me había violado tantos años antes volvía a ganar. A controlar mi vida. Eso me recordaba que, tal como él me había prometido, si llegaba a hablar de aquella cuestión, pasarían cosas terribles. Había tenido razón desde el principio.

Volvía a existir aislado en mi triste zona de confort; solo me ocupaba de llevar la puta ley al Congreso.

Sentía desilusión, depresión, ansiedad, frustración, rabia, miedo, vergüenza, obsesión, nerviosismo, una desesperación cada vez mayor. Porque me parecía que, si aquello fallaba, sería por mi culpa; todos los niños que pasasen por lo mismo que yo lo harían por responsabilidad mía. La cuestión se convirtió en el único interés de mi mundo y, sin embargo, no parecía ser capaz de efectuar el cambio. Había pasado dos años peleando, haciendo promesas, presionando, engatusando, exponiendo, rogando, implorando, halagando, negociando, explicando e imponiendo mi presencia a las personas que podían poner la ley en práctica, gran parte del tiempo a puerta cerrada y sin que nadie se enterara, y parecía que todo había sido en balde. También sabía que el propio Sánchez había prometido apoyar aquella norma en público antes, de modo que no porque Iglesias anunciara en televisión que era inminente, la cosa necesariamente iba a salir adelante. Lo único que parecía sucederme era que unos completos desconocidos me ponían a parir por atreverme a manifestar preocupación por el bienestar de los niños del país que consideraba mi hogar, por reunirme con políticos e intentar hacer algo al respecto. La gran mayoría de quienes me criticaban no tenían ni la menor idea de hasta dónde había llegado para tratar de conseguirlo, pues gran parte de la situación se le ocultó a la prensa (muy comprensiblemente).

Y cómo echaba de menos a mi novia, por Dios. Su calidez, su tacto, su consoladora compañía, su apoyo. Un espacio seguro en el que sentir todo lo anterior sin abrumarme.

Mis amistades se resintieron. Mi trabajo se resintió. Perdí peso, no podía dormir, empecé a despertarme por las mañanas al cabo de tres o cuatro horas de sueño, bañado en sangre de tanto rascarme mientras dormía, para defenderme de unos invisibles agresores. Me sentía un zombi. Pero sonreía frente a la prensa, presionaba a Sánchez, Iglesias, Nacho Álvarez, Ione Belarra, Luisa Carcedo, Dolores Delgado y a cualquier otra persona con quien pudiera contactar. En un momento me reuní con Carcedo en el Ministerio de Sanidad y me dijo que, cada vez que yo hablaba o escribía en público sobre la ley, recibía un correo de Sánchez en el que este le decía: «Démonos prisa con el tema, coño, que ya está el tío dando la brasa otra vez». Por lo visto, ponían directamente en su mesa todos los recortes de prensa sobre mí, todos los artículos que escribía, para que el presidente viera en persona lo que yo andaba diciendo. Y yo quería cerciorarme de que ni su Gobierno ni él tuvieran más excusas para retrasar las cosas.

Me vi solo, completamente perplejo ante las falsas promesas, los gestos vacíos y un apoyo que también parecía falso a una propuesta que serviría de mucho para que a otros niños no les ocurriese lo mismo que a mí. Una vez le dije a Sánchez que, Dios no lo quisiera, pero que si lo que me había pasado a mí les sucedía a sus hijas, la ley se aprobaría en veinticuatro horas. Sin duda. Pero sigue existiendo una negación, un deseo de mirar a otro lado, de no fijarse en la dura realidad. Lo entiendo. Yo solo me enfrento a ella de cara porque no me queda otra: si no me obligo a lidiar a diario con las consecuencias de mi infancia, acabaré muerto. Debería estar muerto. No debería estar aquí, en un apartamento la hostia de bonito, con un piano enorme, en la mejor ciudad del mundo, disfrutando de una gastronomía asombrosa, durmiendo en una cama acogedora sin guardias de seguridad, enfermeras, empleados de funeraria ni agentes de policía cerca de mí. No debería estarlo. Debería estar muerto, en un psiquiátrico o, cuando menos, medicado hasta las trancas, caminando con dificultad, sin poder cuidarme solo y haciendo todo lo posible por meramente existir. ¿Cómo es que esas personas no ven el impacto de la violencia contra los niños, coño? ¿Cómo es que no quieren cambiarlo?

De nuevo, mi ingenuidad. ¿Debería importar quién ha ayudado a crear esta ley? No. ¿El nombre de la ley? Ni de puta coña. ¿El color del partido político que consiga que se apruebe? Pues tampoco. Sin embargo, en vez de centrarse en la ley misma, el circo entero se preocupaba por el nombre, mi participación, la lucha entre izquierda y derecha, quién se llevaba el mérito y otras gilipolleces superfluas. Era enloquecedor a más no poder.

Lo que más me confundió fue por qué coño Iglesias quiso usar mi nombre, en todo caso. ¿De verdad le parecía que iba a ganar algún mérito o prestigio al hacerlo? ¿Que asociarme a la ley de un modo tan público lo ayudaría en su causa? Era ridículo. No soy tan importante. La gran mayoría de los españoles no tienen la menor idea de quién soy ni les interesa. El mensaje, el que cabría esperar que le importase a casi toda España, era la protección infantil y el hecho de que el país se convirtiera en líder mundial en ello. Joder, los odiadores afirman sentirse orgullosos de España. Bueno, pues aquí hay una oportunidad de hacer algo a escala global de lo que estar muy orgulloso. ¿Por qué oponerse a ello?

DESMORONAMIENTO
Capítulo 26

Dejé de mirar las redes sociales y los periódicos, y empecé a centrarme en un complicado e inminente viaje a Londres, Alemania y Canadá. Tenía un concierto en Düsseldorf y, justo después, otro en Toronto. Iglesias y su equipo me aseguraron (una vez más) que la ley era inminente, y conseguí cuadrar unas reuniones con Save the Children a fin de cerciorarme de que todo estaba listo para el momento en que se hiciera el anuncio oficial en el Congreso. Debíamos preparar comunicados de prensa y decidir cuál era el mensaje conjunto. Yo tenía que distanciarme un poco de la norma, pero sin que pareciese que me oponía (por lo visto, ciertos miembros de la junta de Save the Children, otras ONG y algunos individuos estaban molestos por el hecho de que se utilizara mi nombre, y un poco de distancia ayudaría a tranquilizarlos); también había que prepararse por si se producían cambios inesperados en el texto, encontrar posibles fechas para una rueda de prensa, etcétera.

En Londres todo fue muy confuso. Viejos recuerdos, ninguno de ellos placentero: mi madre muriendo ante de mis ojos, un desagradable divorcio, citas en los tribunales y una sensación de desdicha que lo invadía todo. Tampoco ayudaba que fuera mi primera visita sin madre, sin novia (Mica y yo seguíamos separados) y sin red de apoyo. Me sentía horriblemente solo. Vivía con lo que me cabía en una maleta, sin nadie con quien compartir mis miedos, los nervios previos a un concierto, las preocupaciones y el malestar general del día a día que siempre me acababan dando guerra, como a un puto fracasado.

También me empezaron a llegar cada vez más noticias de un nuevo virus procedente de China que estaba haciendo que la gente se cagara viva. En Londres no muchas personas parecían tomárselo en serio. Aun así, compré un paquete de mascarillas para el largo vuelo a Toronto, por si acaso, e iba haciendo las cosas paso a paso.

Fui a Alemania y no toqué mal. La verdad es que la presión de tocar a Beethoven en su país natal siempre es un poco intensa, pero me quedé contento. Otro avión a Londres para una escala de doce horas y, después, a Toronto. Este viaje moló. Lo había organizado la Glenn Gould Foundation y yo iba a dar un concierto en una de las salas más prestigiosas de la ciudad: Koerner Hall. El momento fue precioso. Me iba a quedar una semana porque necesitaba unos días antes del concierto para atender a la prensa (Canadá es un mercado nuevo para mí). Denis me acompañó y pasamos muchos buenos ratos explorando tiendas de comida, comiendo de más y hablando sobre las relaciones, la prensa, la vida, lo de siempre. Canadá es maravilloso. Aunque los canadienses deben de tener la sensación de ser los vecinos decentes que viven encima de una fábrica de metanfetamina, en vista de lo cerca que se encuentran de Estados Unidos.

También estuve paseando, haciendo fotos y disfrutando del anonimato. La fotografía me obsesionaba cada vez más. Me había regalado una Leica, me lo había currado un montón para aprender a usar Adobe y algunos de mis momentos más felices y sosegados, ahora, se los debo a mi querida cámara. Hay algo en el acto de atrapar un instante concreto, guardarlo y poder acceder a él en cualquier momento, que me resulta sumamente consolador y tranquilizador.

El concierto fue divertido, la sala se llenó para mi asombro (algo raro en un debut) y en todo momento fui dichosamente consciente de que, una vez más, me encontraba en un escenario al que habían salido algunos de mis grandes héroes: Andras Schiff, Jordi Savall, hasta Bill Murray. Se parecía al Liceu en rango, aunque era una sala moderna y, por tanto, no tan bella; también me alivió poder hablar en inglés, sin tener que esforzarme tanto al hacerlo en español.

Al día siguiente yo cumplía cuarenta y cinco años y, mientras volvía a Madrid vía Heathrow, me iba sintiendo algo más fuerte y optimista. Tenía una gira increíble por España al cabo de un par de semanas: Bilbao, Santander, San Sebastián, Ferrol, Gijón, Tenerife, Pamplona y más. La gran mayoría de los destinos, junto al mar. Y en casi todos los sitios ya estaba todo vendido.

Soy consciente de que menciono con frecuencia que se agotan las entradas para mis conciertos. Por dos motivos. En primer lugar, el narcisista que hay en mí quiere que sepáis que vendo todas las entradas y que, por tanto, soy un músico serio y profesional, al que deberíais respetar y tomar en serio, coño.

Ya lo sé. Una soplapollez y lo siento, pero tengo metida hasta el fondo esta necesidad de impresionar a los demás para sentirme mejor conmigo mismo, aunque nunca funcione.

El segundo motivo es que existe una diferencia tremenda entre un concierto en el que se han agotado las entradas y otro en el que no. Supongo que no es difícil imaginar el porqué. Para un músico que ha sudado, ensayado, hecho sangrar sus dedos, que ha mamado, respirado y exhalado música, que la ha estudiado toda su vida, tocar en un escenario de memoria durante noventa minutos y ver la sala llena de mil, dos mil, tres mil personas, es una especie de confirmación de que la lucha ha merecido la pena, de que allí se presenta la oportunidad de compartir con el mayor número posible de personas una música trascendental que lo ha sostenido y alentado desde siempre. Además, la energía siempre es distinta con la sala llena. Siempre. Hay más electricidad en el ambiente cuando no está medio vacía; se siente más la mentalidad de grupo, el momento irrepetible que se comparte como si fuera una especie de meditación en masa. Al mismo tiempo, lo que siempre me resulta precioso es que, aunque toque en un sitio que solo esté lleno al 30 por ciento, me siento un increíble privilegiado al saber que alguien se ha molestado en comprar una entrada para venir a verme. Eso nunca se me olvida.

Era una época emocionante. Las dos nubes negras que se cernían sobre mí eran el fin de mi relación de pareja y, con él, la perspectiva de estar solo para siempre porque, seamos sinceros, un hombre de cuarenta y cinco años con mis rarezas particulares, un montón de diagnósticos de salud mental, que fuma demasiado y a quien se le cae el pelo, no es un candidato especialmente atractivo en Tinder. También estaba, cómo no, la nueva ley. ¿De verdad que al fin iba a concretarse?

La respuesta, milagrosamente, fue que sí. El 7 de marzo de 2020, en una escala de dos horas en Londres, mientras tomaba café y notaba las consecuencias de la adrenalina y los viajes largos, me llegó un mensaje del equipo de Iglesias en el que se me anunciaba que el anteproyecto de la nueva Ley Orgánica de Protección Integral a la Infancia y Adolescencia frente a la Violencia se iba a aprobar en el Consejo de Ministros del 17 de marzo. El borrador se había aprobado, confirmado, acordado y estaba listo. Era el tema principal en la agenda del consejo. Para mí, el mejor regalo de cumpleaños de mi vida.

Estaba soltero, con el corazón roto, pero regresaba a casa, con una gira por delante, en la que tocaría piezas que me encantaban, e iban a culminar más de dos años de trabajo y colaboración. Por primera vez en mucho tiempo, noté cierto orden en el caos de mi mente. La sensación de que, por mucho que fuese un humano profundamente imperfecto, superficial, vanidoso, con miedo a todo e incapaz de alcanzar el yo ideal que sé que está enterrado por ahí dentro, al menos contaba con aquello, algo en lo que había participado y que iba a cambiar las cosas a mejor, de medio a medio, para millones de niños. Y aunque mi implicación, desde luego, había sido pequeña, la energía y el coste emocionales habían sido tremendos, sin duda porque era una cuestión muy personal. No habría podido conseguirlo de haberme quedado escondido, sin ser visto, en un despacho, mandando correos, aunque eso lo habría facilitado todo mucho.

Aterricé en Barajas y cogí enseguida un taxi, emocionado por la inminente aprobación del borrador de la ley. Sin embargo, aunque aquella semana marcaba para mí el final de una lucha íntima y personal, también parecía anunciar una nueva crisis que era mucho más grande y muy pública.

Al pasar por los diversos aeropuertos (Toronto, Heathrow, Barajas), había visto cada vez más personas con mascarilla. Más y más personas echándose gel en las manos. Se avecinaba algo tremendo y al parecer no podía evitarse, no había dónde esconderse y nadie tenía ni puta idea de qué era o cómo combatirlo.

Capítulo 27

Al cerrar la puerta tras de mí, me invadió la sensación habitual y nunca menguante de alivio. De nuevo a salvo. En casa. Al fin había vuelto a mi apartamento vacío; me senté directamente al piano para repasar los pasajes de Beethoven que creía que podían mejorarse.

Faltaba una semana para que la nueva ley se hiciera oficial, así que me reuní con Andrés, de Save the Children, e ideamos la estrategia de prensa y sopesamos las opciones. Nos parecía importante seguir metiendo presión para que la ley se tramitara de forma urgente. Aunque eso solo se suele hacer en cuestiones como el terrorismo o los desastres naturales, en este caso supondría una diferencia enorme. En vez de que tardara casi un año en llegar al Congreso para su aprobación final, la clasificación de urgente reduciría el tiempo en un 60 o 70 por ciento y se tramitaría en unos tres o cuatro meses. Hablé con Iglesias, también con su equipo, y recalqué lo importante que era expedirla. Una cosa, sin duda muy admirable, era hablar de la urgencia con la prensa, pero si no iba acompañada de actos, no quería decir nada.

Se mostraron de acuerdo y confirmaron que sí, que le darían la condición de urgente. No me lo podía creer. De repente, en vez de que todo fuese una lucha lenta, tremenda y dolorosa, la ley y todo el proceso cobraban vida propia, se transformaban en algo fácil, potente, rápido, natural y brillante. Me sentía flotar.

Algo llamado «COVID-19» salía continuamente en las noticias, pero yo solo podía pensar en la ley. El viernes estaba escribiendo mi comunicado de prensa y ultimando los planes para expresar mi gratitud de la mejor manera posible y no aflojar la presión sobre todos los partidos, para el momento en que la norma se anunciase oficialmente cuatro días después. Pero entonces, en aquella tarde del viernes 13 de marzo, Sánchez se dirigió en directo al país para anunciar un estado de alarma y, con el mismo carácter lóbrego e inexorable de un diagnóstico de cáncer, todos entramos en una etapa de la existencia de la que sería imposible salir sin cambios. Un momento de los que suceden solo una vez en una generación, un antes y después histórico, y lo estábamos presenciando, viviendo y experimentando en tiempo real, mientras sabíamos que nada volvería a ser igual.

Perdimos nuestra oportunidad por menos de noventa y seis horas: la nueva ley saltó por los aires y quedó, comprensiblemente, eclipsada por un ciclo aparentemente interminable de noticias aterradoras sobre la enfermedad y la muerte.

Estábamos aprendiendo un vocabulario nuevo y ninguno de sus términos era agradable. Coronavirus. Confinamiento. Cuarentena. Pandemia. Epidemia. N95. COVID-19. Respiradores. EPI o equipo de protección individual. Test PCR. Distancia social. Autoaislamiento. Aplanar la curva. Antígenos. Alcohol isopropílico al 70 por ciento. Rastreo de contactos. Servicios esenciales. Inmunidad de rebaño. Hidroxicloroquina. Período de incubación. SARS-CoV-2. Serie de casos. Transmisión por gotículas. Asintomático.

La lista no acababa nunca. Cada día, una palabra nueva. Todas las cadenas de televisión eran una película de terror. Números inconcebibles de enfermos, agonizantes, muertos. Un parón absoluto de la normalidad. No existían términos de comparación, ninguna referencia, ningún modo de aferrarnos a lo familiar. Al menos, no en mi caso. Yo no había vivido una guerra y, aunque lo hubiera hecho, no habría sido con sofás, Netflix, calefacción central y comida a domicilio. Aun así, aquello era devastador.

Vivíamos una realidad completamente nueva, inexplorada, devastadora. Volvimos todos a nacer y fuimos entregados a una incomprensible oscuridad.

Mi primera reacción fue inesperada. Estaba encerrado y confinado. Aparentemente a salvo siempre que no saliese. A pesar de los horrores que se desarrollaban más allá de mis cuatro paredes, de forma inexplicable nunca me había sentido tan tranquilo ni tan, pues, feliz. La situación me recordaba un poco a estar encerrado en un pabellón psiquiátrico, pero sin los medicamentos ni la opresión. La sorpresa fue mayúscula. La gente enfermaba y moría, la mayoría de la población sufría un golpe mortal en el plano económico, los servicios sanitarios habían quedado destrozados y después arrasados, la ley de protección a la infancia se había ido a la mierda, todos mis conciertos se habían cancelado o retrasado indefinidamente, nadie tenía ni idea de qué estaba pasando ni por cuánto tiempo. Aun así. Estaba en casa, con el piano al lado, un sinfín de programas de televisión y de películas que podía ver por *streaming* con solo pulsar un botón, mil libros al alcance de los dedos. Sin sensación de culpa por no trabajar ni salir, porque no se me permitía ni una cosa ni la otra. Mi ansiedad habitual desapareció. De modo inconcebible, dormí como un bebé todas las noches, sin somníferos. Empecé a hacer yoga todos los días. Evidentemente, al pensarlo después, veo que atravesaba un paradisíaco y salvífico estado de negación. El mecanismo de defensa de los dioses. Estaba, como tantos otros, conmocionado. Pero, en vez de quedarme tirado en el suelo, comatoso y aterrorizado, incapaz de moverme —lo que bien podría haber sido la respuesta inmediata (y más natural)—, aprendí a cocinar. Yo. Cocinando. Eso sí, con la ayuda de mi más preciada posesión en el piso después del Steinway: la Thermomix.

De pronto, como por arte de magia, preparaba humus desde cero. Natillas. Guisos. Sopas. Cremas. Croquetas. Pasteles de zanahoria. *Brownies*. Batidos. Salmón al vapor con unas verduras increíbles.

Fue una revelación. Tras dos semanas de ocho o nueve horas de sueño por noche, yoga a diario, comer sano, practicar al piano, aprender piezas nuevas, leer libros maravillosos (Zafón, Trueba, Mendoza, García Márquez), me sentía como nuevo. Como si hubiera cogido unas vacaciones, pero sin la culpa ni los gastos. Sin tener, según lo llamarían algunos, un leve brote psicótico. Si hacía el mayor número posible de cosas normales, podía convencerme de que las cosas eran, efectivamente, normales y que no había de qué preocuparse.

Lo mejor de todo fue que, por mucho que todo fuera irreal, inestable, completamente nuevo, justo en los inicios del confinamiento Mica y yo empezamos a comunicarnos de nuevo y a plantearnos la posibilidad de retomar nuestra relación. No hay nada como una pandemia global para renovar y mejorar la visión que se tiene de lo que de verdad importa. Todos los detalles que en ocasiones habían complicado tanto las cosas se veían en aquel momento tal como eran: distracciones y chorradas superficiales. Empezamos a hablar, a conectar, a abrirnos, a apoyarnos. Lenta, muy lentamente.

La experiencia de estar encerrado, confinado, aislado pero aun así enamorado y también, a un nivel más profundo y personal, con la sensación de un inicio, un florecimiento, un nuevo comienzo fue una de las cosas más potentes que he vivido. Aunque fuera un mecanismo de defensa incorporado, me daba igual.

Soy un hombre insular. No me gusta la compañía. Socializar. Salir. Dar conversación. Estar en un gentío, ni siquiera en uno pequeño. Me asusto con demasiada facilidad, me preocupo demasiado, me siento todo el rato como un pulpo en un garaje. Siempre ha sido así. Desde que era pequeño y se apagaron las luces en mi alma en miniatura. Me siento más seguro a solas. Puedo ser yo mismo con la puerta cerrada cuando nadie me mira. Puedo respirar, relajarme, funcionar e incluso disfrutar de la vida, siempre y cuando no haya testigos.

Y, en fin, nadie me miraba porque estábamos todos encerrados en nuestras putas casas. En ello vi una oportunidad inmensa. Empecé a prepararme para sentirme tal como me siento cuando estoy solo (seguro, al mando, capaz de respirar), pero con otras personas. En un primer momento, mi objetivo, mi objetivo principal y más importante, era aprender a estar así en una relación. Ser visible. Transparente. Estar abierto. Disponible. De igual a igual. Cosas que antes no había sido capaz de hacer. Contaba con el espacio y la oportunidad necesarios para prepararme. Un período de tiempo obligatorio y en apariencia interminable para aprender a funcionar como miembro de una comunidad, no como una isla.

Pero no sabía si iba a ser posible. Si era capaz. Si estaba lo bastante entero para lograrlo. Lo que sí sabía era que quería casarme con Mica. Tener hijos con ella. Que envejeciéramos juntos. Que fuéramos auténticos compañeros. Todo eso era imposible si yo vivía como lo hacía. Lo había intentado. No había funcionado. No solo eso, sino que había sido algo catastrófico, destructivo, tóxico. Aquella dinámica me hacía daño; lo que es aún más imperdonable, le hacía daño a ella. Me había pasado casi toda la vida echándoles la culpa a otras personas de mis problemas y de mi incapacidad para mantener una relación (ya fuera íntima o platónica). Pero llega un momento en que, con un poco de suerte, receptividad y ganas, entiendes que a lo mejor el problema eres tú, no los demás. Solo había un denominador común en mis relaciones fallidas con chicas, familia, amigos y colegas: yo.

Ahora se me presentaba la ocasión de empezar a arreglarlo. De las cenizas de aquella jodida y estremecedora crisis global, y sin mucha consciencia por mi parte, surgía una oportunidad de redención. La gran diferencia de aquel instante de gracia, de aquel puntito cósmico de luz en el tiempo, es que me daba la impresión de que la oportunidad era real, muy real. Parece que, cuando el mundo entero se ve obligado a cambiar, los individuos de ese mundo pueden emplear la energía global con mucho menos esfuerzo que cuando impera la normalidad. Sobre todo viviendo en España, donde había encontrado mis cimientos «definitivos». Si se producía una interrupción de la realidad, pues bienvenida fuera. Porque hasta entonces mi realidad había sido una lucha. Una realidad nueva, la nueva normalidad, era justo lo que necesitaba.

Capítulo 28

El aislamiento es el problema universal de la existencia humana. De eso no hay dudas. Siempre buscamos el calor de hogar, pero algunos de nosotros nunca lo conseguimos del todo. Tenerlo, como hemos visto, implica mucho más que cruzar una puerta con un felpudo en el que ponga «Mi casa»; se trata de internarse en uno mismo, al más profundo de los niveles. Yo me había sentido alejado de mí mismo toda la vida. Quizá nos pasa a todos. Mirad las putas noticias un día cualquiera. No os fijéis en los virus, las pandemias y la ferocidad de la naturaleza, sino en la violencia, el odio, la comercialización, las distracciones, la angustia, la continua necesidad de evadirnos, demonizar, culpabilizar, negar, manipular, ocultar, medicar, gritar, atacar.

De un modo u otro, en aquel primer par de semanas, el confinamiento se transformó en una especie de hibernación amable: un período de crecimiento y recuperación, más que uno de castigo. Sé que, dicho así, suena autoindulgente. En parte, los acontecimientos me asombraban tanto porque sabía que debía sentir lo contrario: horror, consternación, congoja, rabia. Evidentemente, una parte de mí lo sentía. Ahí estaba el problema. La situación era tan intensa, tan dolorosa que mi psique empuñó automáticamente las riendas y tomó la dirección opuesta. La situación económica de mierda afectaba al 99 por ciento de la población. Las familias estaban literalmente atrapadas en su casa, con hijos pequeños que no podían ir al colegio ni tomar el aire. Las víctimas de violencia doméstica se hallaban encarceladas bajo el mismo techo que sus agresores y completamente a merced de estos. Había niños a los que no les quedaba más remedio que entregar su cuerpo a padres o madres violentos que cometían la más atroz traición. Se produjo un incremento del 700 por ciento en los incidentes de violencia contra los niños frente al mismo período del año anterior. La gente perdía a sus padres y no podía ir al funeral. Ni despedirse. Ni darse un último abrazo. Los sanitarios de primera línea se exponían diariamente a la enfermedad y la muerte al tiempo que sufrían falta de financiación, apoyo y reconocimiento. Los negocios quebraban. Los servicios de salud mental eran inaccesibles. Las personas solas estaban incluso más solas, los pobres eran incluso más pobres, los vulnerables tenían aún menos recursos. Si me hubiera entregado plenamente a la realidad de lo que sucedía, no creo que hubiera podido enfrentarlo.

Sin darme cuenta, entré en una especie de modo de supervivencia.

Estoy prácticamente seguro de que no soy el único a quien la vida, en aquellos meses, le pareció un reto casi insoportable. Todos tenemos razones válidas para que nos cueste salir adelante. Yo iba siendo cada vez más consciente de las mías, que eran muy complejas.

Tras unas pocas semanas de encierro, me encontré solo, literalmente sin ningún sitio al que huir ni en el que esconderme, ya sin nada con que distraerme. Practiqué tanto al piano que me lesioné el dedo, se me agarrotó la mano izquierda y el médico me dijo que la dejara reposar entre tres y cuatro semanas. Como si mi cuerpo me dijera: «Bueno. Si no piensas parar y procesar las cosas, entonces te vamos a obligar. Has tenido una oportunidad. Ahora te vamos a dejar tirado en el puto suelo y a forzarte a parar».

La delirante y espeluznante partida de ajedrez de la vida, tras haberme brindado al principio un par de semanas de falsas esperanzas, relajación y descanso, me había llevado a una terrible situación límite en la que no me quedaba más remedio que rendirme al fin y encontrarme conmigo mismo.

El problema era que yo no quería. Me conformaba con ir de un lado al otro en un estado de negación, limitándome a sobrevivir. Pero mi alma y el universo, por lo visto, tenían otros planes para mí. Ni siquiera había empezado a procesar la muerte de mi madre. Aunque había ocurrido nueve meses antes de la cuarentena, había estado muy enferma durante el año anterior. Yo arrastraba más de un año y medio de presenciar cómo la ingresaban en la UCI, de oír a los médicos que le quedaban pocos días o verla luchar por sobrevivir en medio de un dolor intolerable, aterrada. Daba conciertos y después pillaba el primer avión a Londres para estar a su lado e intentar apoyarla. Incluso después de su muerte volví enseguida al escenario, a correr de acá para allá haciendo de don Simpático con políticos, a viajar y dar entrevistas, a lanzar un nuevo libro con toda la publicidad que eso conlleva, a distraerme, evadirme. Cualquier cosa con tal de no procesar el dolor y la abrumadora pena de mi interior.

También estaban las consecuencias emocionales que me llegaron después de haberme expuesto tanto para lograr lo que Save the Children y yo queríamos conseguir con la nueva ley. Estaban los ataques personales en los medios y en internet, también la repentina incertidumbre del trabajo, la posible reconstrucción de una relación, la pelea al parecer interminable por dicha ley, las preocupaciones económicas. Pasaban tantas movidas que no tenía fuerzas, valor ni ocasión de mirarlas y enfrentarme a ellas. Sobrevivía pensando (¿fingiendo?) que era un ser humano aceptable y la verdad es que no indagaba mucho más. Entregado a las maravillas de la negación, prefería decirme que eran los demás los que me causaban tanta angustia.

No sé si os pasará lo mismo a las tres de la madrugada, cuando los lobos llaman a la puerta, no podéis dormir y os llegan las ideas a cien kilómetros por hora. En vez de aceptar plena y profundamente que debía encarar ciertas cuestiones esenciales, me limitaba a entrar en pánico y a fijarme en diversas personas o situaciones de mi vida que no eran tal como yo quería. Ojalá los políticos hicieran tal cosa. Ojalá mi novia fuera de tal manera. Ojalá mi madre no hubiera hecho tal cosa. Ojalá esto otro no hubiera ocurrido. Ojalá pasara lo de más allá. Había demasiado futuro, demasiado pasado, nunca suficiente presente. Eso era mucho más fácil que reconocer que yo y solo yo era el responsable del estado en que se encontraba mi vida en aquel momento. Y, si la veía con racionalidad, tranquilidad, objetividad, era una vida preciosa. Si la estudiaba desde fuera, era casi perfecta.

No obstante, había una sombra de la que no podía escapar por mucho que me esforzara, por brillante e increíble que pareciera mi mundo. Estaba alejado de mí mismo. Y, supongo que como muchos, había tratado de utilizar cosas externas para tapar el vacío. Funcionó una temporada. Pero en la cuarentena, al cabo de un par de increíbles semanas de ensueño que pasé nutriéndome de cosas, cocinando, tocando el piano, viendo la televisión, leyendo libros, haciendo yoga y entregándome a distracciones maravillosas, dejó de funcionar. Noté que me bloqueaba por dentro. Había ruido dentro de mi cabeza, se me disparaba la ansiedad. Estaba perdiendo el tiempo, desapareciendo, desmoronándome. Como si llegara un huracán. Dejé de dormir, empecé a llorar sin motivo, estaba de los nervios; me vi cara a cara con el problema número uno de mi vida: yo.

Fue una época oscura y estuve a punto de no superarla. Después de tres o cuatro semanas de aquella locura, llegué al punto en que me tomaba un Valium de diez miligramos a las once de la noche para no tragarme sesenta de ellos a las cuatro de la madrugada. Todos los días luchaba contra la idea del suicidio. Pasaba días sin conversar en voz alta con otra persona que no fuera yo. Por primera vez en trece años, sentí el verdadero impulso de acabar con mi vida y me pareció una solución que tenía todo el sentido. El mundo estaba muy atribulado, había mucho dolor en el ambiente, la vida llevaba tiempo siendo muy difícil y se iba a volver casi irreconocible y, desde luego, mucho más complicada. ¿No sería más fácil irse ahora antes que intentar otro asalto contra este puto y gigantesco monstruo?

Aquí estamos, dando vueltas en este planeta diminuto, en un universo inconcebiblemente vasto, haciéndolo lo mejor que podemos con las herramientas concretas con que hemos sido bendecidos. Nuestros problemas y retos personales nos resultan enormes, pero son de una pequeñez infinitesimal en el plano global. La perspectiva, o su ausencia, también es una pandemia que nos afecta a todos. Y, con muy pocas y destacadas excepciones, las personas en las que podríamos buscar apoyo y consejo, los ejemplos de cómo actuar, son las peores. Políticos, prensa, celebridades.

Dondequiera que mire, encuentro cada vez más pruebas de que nadie sabe qué coño hacer, y es responsabilidad de cada uno dar con una vía que le sirva y, en lo posible, no arruinarle la vida a demasiada gente al echar a andar por ella. Eso mismo intentaba hacer yo. Pero dar con el buen camino me parecía difícil de cojones.

Cada persona es un mundo. Y el mundo refleja las partes que lo componen. Como haríamos tú y yo, el planeta nos había hecho muchas, muchísimas advertencias, llamadas de atención y segundas, terceras y enésimas oportunidades de ponernos las pilas, pero habíamos hecho caso omiso de todas. Y cuando las cosas alcanzan su máxima capacidad y se intenta sobrepasar esa capacidad, se rompen. Estábamos presenciando cómo el mundo se rompía. Yo presenciaba cómo me rompía. Y era horrendo y aterrador.

Experimentaba cosas que no vivía desde la infancia o desde pocas semanas antes de que me encerraran en un psiquiátrico trece años antes. Algunas de ellas daban vergüenza (una incapacidad, motivada por la ansiedad, de controlar los movimientos intestinales), otras eran molestas (contar cosas de manera obsesiva, marcar ritmos precisos, apagar y encender las luces un número concreto de veces), otras eran horribles (reexperimentación de hechos traumáticos, recuerdos largo tiempo olvidados, el olor de la saliva de aquel hombre, el repugnante crujido que se producía cuando llevaba a cabo su tercer o cuarto intento, el último y el definitivo, de penetrarme).

Tenía que creer que todo aquello podía superarse. O, al menos, que existía la idea de una superación posible. Para mí y para el mundo en general. Que un momento mejor nos aguardaba con paciencia, como una madre buena y cariñosísima mientras espera a que su hijo salga de una operación especialmente atroz para despertar en sus brazos, en la sala de reanimación. Esa era la esperanza a la que me aferraba.

Se me presentaba una oportunidad, quizá la última, para aprender de mis errores, de nuestros errores, y despertar con una nueva determinación. La posibilidad de dejar de huir, bajar el ritmo, reexaminar las cosas y hacerlas de otro modo. Para mí, reducir la marcha era algo impensable.

Nunca olvidaré la conmoción que me produjo mi profesor de piano al decirme que cuando quisiera descubrir si alguien era buen músico le pidiera que tocara un *adagio* de Mozart. Para un adolescente obsesionado con el virtuosismo, eso representaba un punto de vista completamente contrario a mi creencia central de entonces: que lo rápido equivalía a lo bueno.

A pesar de lo que se pueda pensar, es mucho más difícil tocar al piano una pieza lenta que una rápida. Con un *estudio presto* de Chopin, después de las horas requeridas de práctica, los dedos básicamente ejecutan el trabajo por sí mismos en piloto automático. Suena impresionante en la sala de conciertos, pero es bastante sencillo. Un problema matemático resuelto con física y una inteligente elección en cuanto a la digitación.

Sin embargo, una pieza lenta, tierna y hermosa es un mundo completamente diferente. Importan la claridad y el peso de la melodía. La sutileza de la mano izquierda que lo acompaña, el equilibrio de los acordes donde cada pulsación marca una diferencia de peso minúscula e independiente: tan frágil que dos gramos adicionales de presión con un dedo pueden destruir todo.

El pedaleo, la unión de notas consecutivas mediante el uso de dedos superpuestos para mantener una especie de línea cantando, incluso los espacios donde físicamente eliges que respire, todo produce un profundo impacto en la interpretación final. La pieza contiene menos notas y paradójicamente, sin embargo, describe un universo más grande en esas notas. Y, como el arte a menudo es paralelo a la vida, también lo es en nuestro mundo físico.

Encuentro un valor tremendo en la lentitud. Un valor tremendo en la sencillez, en el menos. Como dice Marco Aurelio: «Haz menos, mejor. Porque la mayor parte de lo que hacemos o decimos no es esencial. Si puedes eliminarlo, obtendrás más tranquilidad». Cuanto más elimines, más enfoque y tranquilidad encontrarás.

La cuarentena me mostró lo que se puede eliminar. Lo que no es esencial. Y la lista es más larga de lo que creía. Las distracciones sin sentido que se habían convertido en actos reflejos en lugar de conscientes, la propensión a quedar atrapado en los dramas diarios de siempre y los momentos de pánico que conllevan el trabajo y las relaciones alimentadas por la adrenalina. Los rifirrafes y las prisas excesivas del pensamiento, la necesidad arraigada e irrefrenable de moverse que convierte hecho de quedarse quieto en algo insoportable. La incapacidad de ser, simplemente.

Imaginad el hecho de salir de nuevo al mundo, no como un retorno a la normalidad, sino más bien como un nuevo comienzo sobre la base de algo más reducido, más sencillo. Algo más lento, realmente centrado en las pocas notas importantes con las que tenemos que tocar y no en el exceso de ruido que existía antes en nuestra vida. Qué oportunidad tan profunda.

Qué sensación tan hermosa y potente para extraer de la desolación del pasado reciente.

Me preguntaba cuántas segundas oportunidades más podría sonsacarle, rogarle, implorarle o arrancarle al universo. Me pareció que aquel era el momento de gracia. Un nuevo comienzo, desde el principio, pero con el conocimiento obtenido al cabo de toda una vida de errores y malas decisiones.

El mundo entero estaba siendo reiniciado. Desenchufado y vuelto a enchufar, a ver si así funcionaba bien o había que tirarlo a un vertedero y dejarlo enterrado. El resultado, al menos al principio, fue que todo el puto planeta parecía sufrir algún tipo de trastorno por estrés postraumático. Pero del desastre podía salir algo bello. Y, aunque no tenía mucha fe en mí mismo, sí me atrevía a soñar, tal vez pecando de optimismo, que quizá pudiera lograrlo.

Sobre todo porque ya lo tenía todo preparado y listo para concederme las mejores opciones posibles de supervivencia: estaba en España, lejos de los destrozos de mi pasado, construyendo una vida que era más bonita y más intensamente satisfactoria que cualquier cosa que hubiera podido imaginar. Contaba con un psicólogo maravilloso, amigos muy queridos, un mánager que era más hermano que colega de trabajo y una novia que hacía estremecer los cimientos mismos de mi existencia con su grandísimo corazón, que también era mi mejor amiga y que parecía estar hecha de pura luz; aunque el confinamiento nos impedía estar juntos, a estas alturas hablábamos todos los días, nos íbamos reconciliando con calma y sinceridad, y construíamos la estructura necesaria para amarnos y vivir juntos de forma definitiva.

Aprender un idioma nuevo también me ayudaba mucho, porque eso implicaba que, poco a poco, podía empezar a prescindir del inglés y, con eso, de todas las palabras y los pensamientos de antes, que tanto dolor me habían causado. Hablar español me obligaba a elegir las palabras con mayor cuidado, a pensar en cada una atentamente y tomar una decisión consciente, a sentir cómo sonaba en mi cabeza y en mi lengua, degustar esa sensación antes de lanzarla al mundo. Literalmente, me obligaba a pensar antes de hablar (sin contar, a saber por qué, algún que otro episodio en las redes sociales).

Nuestras palabras y pensamientos crean nuestra realidad más que nuestras acciones. Sin duda crean nuestra realidad interior. Mi mundo interior estaba lleno de palabras y pensamientos feos que, a su vez, producían sentimientos feos. Vergüenza, miedo, culpa, sensación de inutilidad, inseguridad, celos. Todo eso contrastaba enormemente con el aspecto que mi vida tenía desde fuera y con lo que yo sabía que mi vida podía llegar a ser, lo cual lo empeoraba todo más aún.

Quizá fuese pura ingenuidad o una negación infantil, pero tenía que existir un modo de convivir con esos sentimientos con un poco más de suavidad, no de forma tan extenuante; encontrar una sensación de optimismo, perdón y alegría y centrarse en ella. Si no ¿para qué estamos aquí? ¿Para matarnos en un trabajo que odiamos solo para pagar el alquiler? ¿Para quedar atrapados en una relación de mierda basada en juegos de poder y culpa, porque somos muy adictos al drama? ¿Para deambular a ciegas por este mundo, con la ilusión de que vemos a la perfección? ¿Para desperdiciar los sesenta o setenta años que se nos conceden porque lo desconocido nos asusta demasiado? ¿Es que tanto miedo nos da ser felices?

Sobreviví a la cuarentena con el piloto automático. Saqué fuerzas del heroísmo que presenciaba a diario en otras personas. Hice todo lo necesario para pasar esos tres meses.

Cuando acabó la cuarentena, comenzamos a dar los primeros e inciertos pasos en el exterior. Con mascarillas, guantes y distancia social. Mi primer café en una terraza (un lujo inolvidable). Un paseo al amanecer. Un esperadísimo abrazo de Mica. Hice un esfuerzo por no acelerarme, por reevaluar qué era lo importante de verdad. Rozaba el mundo con mayor liviandad, caminaba más lento, respiraba más hondo.

Para mi sorpresa, un par de semanas después, el 9 de junio de 2020, mientras todos seguíamos saliendo lentamente y con los ojos sensibles a la luz, para encontrarnos una nueva normalidad aún desconocida, el anteproyecto de la nueva Ley Orgánica de Protección Integral a la Infancia y la Adolescencia frente a la Violencia fue aprobado en el Consejo de Ministros.

Así, sin más.

No me lo esperaba. Creí que se nos había pasado por completo la ocasión y que quizá al cabo de entre seis y doce meses podríamos retomar la lucha desde el principio. Pero no.

Iglesias había cumplido su palabra. Peleó. Presionó. Fue hasta el final. Me había equivocado: no todos los políticos eran gilipollas.

El proyecto se consideró urgente (exactamente lo que queríamos, aunque no lo esperábamos). En él se incluía todo lo que habíamos esperado y más. Algunos dirán, sin duda con acierto, que una ley como esta no tendría que haber supuesto una lucha. Tampoco debería haber tardado tanto en materializarse. La había iniciado el PP en 2014 y, al fin, seis años después, el Gobierno de coalición la había llevado a este punto. A pesar de la naturaleza espantosa del problema que la ley busca solucionar, imagino que debemos aceptar que lo de «más vale tarde que nunca» tiene algo de verdad. La democracia es algo de lo más curioso. Tal como dijo Churchill: «La democracia es la peor forma de gobierno, si no contamos todas las otras que se han ido probando de vez en cuando».

Pese a que no elimina del todo la prescripción de los delitos, la ley es sólida, mejora de manera sustancial la situación actual e ilumina con fuerza la zona más oscura del mundo en que vivimos.

Decidí participar y colaborar en su aprobación no como político, ni siquiera con ninguna filiación política, sino como superviviente de la violación infantil. Si nos fijamos en lo más sencillo (y, no os quepa duda, esta es sencilla y por eso mucho más efectiva), espero que todos coincidamos en que violar niños es malo. Las medidas que ayudan a prevenir la violación de niños son buenas. Esta ley hará esto último. De una forma excelente.

Tal como esperábamos, incluía una profunda reforma del actual sistema judicial, colocaba los derechos de los niños en el mismo centro, dejaba menos escondrijos para aquellos que aspiran a usar las nuevas tecnologías para abusar de menores, introducía la obligación de denunciar (cuando era pequeño, otra profesora me encontró después de haber sido violado, histérico y con las piernas chorreando sangre, y no hizo nada; si esta ley hubiera estado en activo en aquella época, esa persona habría tenido la obligación legal de tomar cartas en el asunto. Como no lo hizo, los abusos se prolongaron durante muchos años, sin impedimentos), estipulaba nuevos protocolos para los profesionales, preveía un registro de información central para unificar los datos y también garantizaba que las víctimas solo prestasen testimonio una vez, a puerta cerrada y con un juez plenamente formado. En definitiva, era una reforma exhaustiva de los cuerpos jurídico, educativo, sanitario y profesional que tienen contacto con la infancia.

Muchas veces he buscado algún tipo de sentido a mis traumas del pasado. Algo que me ayudase a comprender por qué había sucedido. Y aquel día, por primera vez, sentí que, si había desempeñado un pequeño papel en todo este asunto, al fin había encontrado ese sentido.

Era la culminación de dos años de esfuerzos y exposición que repentina, casi mágicamente, habían terminado. Bueno, sí, tenía que reunirme con algunos políticos más y cerciorarme de que apoyasen la ley en el Congreso para su aprobación final, pero no iba a ser problema. Por fin podía dar un paso atrás.

Ahora que ya se había hecho lo difícil, me hacía falta alejarme un poco. Estar menos vinculado a la ley en público. Me hicieron saber que otras ONG y otras personas querían llevarse algo más de mérito y obtener mayor visibilidad, y me pareció fenomenal que así fuese. Por lo visto, algunas personas creían que me había metido en el tema porque no triunfaba como músico y ansiaba tanto ser famoso que me había vinculado a esa ley solo para estar en el ojo público. Era como para partirse de risa. No tenían ni idea. Joder, yo quería desaparecer del panorama por completo. Di una conferencia de prensa con Save the Children, la increíble Vicki Bernadet y el director del Comité de los Derechos del Niño de las Naciones Unidas, y, cuando me tocó el turno, hablé de la gratitud que me inspiraba la ley y expliqué que prefería con mucho la denominación de «Ley de la Infancia» y que no se emplease mi apellido para nombrarla. Escribí un breve artículo para *El País* en el que describía por qué se trataba de algo estupendo y lo que suponía. Publiqué un par de tuits y luego cerré el pico, dije que no al menos a cuarenta entrevistas, apagué el móvil y empecé a respirar.

A lo mejor es un buen momento para escuchar otra pieza musical y respirar lentamente unos minutos. Solo puede ser de Chopin. Cuando aún era adolescente, compuso un concierto para piano cuyo movimiento pausado es uno de los mejores viajes melódicos que he oído. Empieza con una lenta introducción orquestal, luego entra el piano y la belleza del conjunto te deja parado del asombro. En el transcurso de diez minutos vivimos el amor, el miedo, la rabia, la aceptación, la esperanza y una alegría pura. Es un espejo de nuestra experiencia humana a través del lenguaje etéreo de la música. En el octavo lugar de la lista de reproducción lo interpreta Ivo Pogorelich. Nunca escucharéis una versión mejor que esta. Os lo prometo.

Capítulo 29

Cuando ya no podemos cambiar una situación, tenemos el desafío de cambiarnos a nosotros mismos.

VIKTOR FRANKL

Estamos en el verano de 2020. Lo que más me había importado en los dos años anteriores ya estaba hecho.

Y llegaron las inevitables secuelas. Como si hubiera contenido el aliento dos años y de pronto me dieran permiso para respirar. Fueron más fuertes de lo que esperaba, sobre todo después de la conmoción de la cuarentena. Mi madre y la nueva ley habían sido las dos cosas en las que más me había centrado durante mucho tiempo. Más que en mi carrera, mi pareja, mi salud. Y dejaron un vacío.

Fue doloroso, pero lo mejor que me podía haber pasado. Porque tuve el raro privilegio de gozar de espacio. Un espacio para dedicarme a aquello que ya no podía eludir. O nadaba o me hundía. Proseguía el trabajo que había iniciado en la cuarentena con el objetivo de procesar las cosas y poder sentirme seguro en compañía de otras personas. Nunca me había parecido tan importante. Había un mundo nuevo y quería estar listo para salir a él.

Dejé de esconderme, de mí y de Mica. Me abrí a ella. Plena, completamente. Felizmente. Fue la primera gran sorpresa. Le mostré mis peores partes. Aquellas que pensaba que debía ocultarle al mundo entero. Y ella se limitó a quererme. No pasó nada malo. De hecho, lo contrario. Me sentí libre, conectado, mucho menos aislado y, curiosamente, más fuerte. Quién lo habría dicho. Me vio llorar. Me dijo que a veces yo cambiaba y desaparecía, mental y emocionalmente, en un abrir y cerrar de ojos, y que eso la asustaba. Como si las luces se apagaran y, de repente, yo fuera otra persona. Hablamos de algunos de los trastornos de personalidad que padecía, comentamos que la disociación es a veces una reacción automática, pero que estoy aprendiendo a controlarla.

Le prometí que me esforzaría más por no desaparecer cuando estaba con ella, por seguir presente incluso cuando las cosas se ponían difíciles (algo complicadísimo pero no imposible, por lo general). Reconocí delante de ella que una parte de mí quería tener todo el poder en nuestra relación a fin de amparar la ilusión de que me llevaba mejor conmigo mismo, aun a sabiendas de que era una forma horrible de comportarse. En cierto modo había creído que, si metafóricamente iba por delante de ella y la dejaba atrás, tendría más autoestima y mayor confianza. Me di cuenta de cuánto me había equivocado. De lo tóxicos que son los juegos de poder en las relaciones. De que, para que cualquier relación funcione, ninguna de las partes tiene que ir por delante o por detrás de la otra, sino que deben caminar a la par. Como iguales. Así que dejé de hacerlo. Sin más. No fue tan difícil. Me propuse caminar a su lado, no por delante de ella. Celebrar su esplendor, centrarme en las (muchas) cosas maravillosas que la componen y dejar de tener miedo al abandono, la humillación y el engaño. Tomé la decisión consciente de confiar en ella, en nosotros, en el amor, de no tratar de protegerme del dolor mostrándome suspicaz y crítico. Y, desde luego, la intimidad y la conexión que empezaron a crecer y florecer fueron magia pura.

Empecé a ver a Mike, mi psicólogo, dos veces por semana. No para quejarme y lloriquear y justificar por qué debía estar solo, sino para reconocer en voz alta mis peores facetas, arrojar luz sobre ellas y, aunque no lograse comprenderlas, al menos intentar abandonarlas. Quería deshacerme de mi desagradable propensión a controlarlo todo, sentirme superior, manipular, mentir, engañar o engatusar a los demás para que hiciesen o dijesen lo que yo quería y así estar mejor conmigo mismo. Deseaba eliminar mi insaciable necesidad de tener siempre la razón; mi enraizada y automática sospecha de cualquier cosa o persona con la que entro en contacto; mi constante búsqueda de pruebas de que la gente no es de fiar y va a traicionarme; mi incesante necesidad de aprobación, amor, admiración y aplauso; mi fundamental y abrumador deseo de darle una paliza de la hostia al niño pequeño que fui hasta que quedase hecho un amasijo sangriento, medio muerto en el suelo.

Fue duro reconocer esas partes de mí, sobre todo en voz alta y delante de otro ser humano.

Mike me sugirió que viera a un psiquiatra porque, aunque me lo estaba currando, estaba desarrollando cierta manía. Y en el fondo se ocultaba un peligro. Había mentido a tres médicos distintos y había conseguido noventa pastillas de Valium de diez miligramos y tres cajas de lorazepam. Había reescrito mi testamento. Me lo jugaría a todo o nada: si lograba superar lo que me pasaba hasta poder funcionar y sentir algo de paz, pues estupendo. Si no, tenía mi póliza de seguros, mi forma de marcharme. Para mí tenía todo el sentido del mundo. Para mi psicólogo a lo mejor no.

Así que fui a ver a una psiquiatra. Le dejé claro que me oponía muchísimo a la medicación. Con el correr de los años había tomado medicamentos de todo tipo: pastillas para el TOC, el pánico, la depresión, las autolesiones, el trastorno disociativo de la personalidad, el síndrome de Tourette, el insomnio, la ansiedad, la bipolaridad, la esquizofrenia, el estrés postraumático, la anorexia. Los psiquiatras me echaban una farmacia encima con la esperanza de que algo funcionase. Y no pensaba volver a pasar por lo mismo. Los efectos secundarios eran brutales, atroces, inhumanos.

María se mostró comprensiva, más humana y cálida que cualquier otro psiquiatra que hubiera visto hasta entonces. Quizá tuve suerte. Pero me escuchó de verdad, me vio, me prestó atención. Y me dijo que, con todo lo que ella sabía de medicina, le parecía que debía empezar a tomar un tipo de pastilla relativamente nueva, que ayudaba con la ansiedad y la depresión; añadió que iríamos vigilando juntos su eficacia y sus efectos secundarios muy de cerca, para dejarla o bajar la dosis cuando yo quisiera. La verdad, después de que un psicólogo al que le tenía mucho cariño me enviara a ver a una reputada psiquiatra, después de que los dos comentaran mi caso (con mi permiso) y que yo le contara a María, cara a cara, lo que me pasaba, habría sido idiota rechazar su consejo. La tomaría unos meses y vería qué pasaba.

Así pues, por primera vez en trece años, empecé a medicarme a pesar de mis dudas, mi ego y mi vergüenza. Me recordaba continuamente que los antidepresivos no son una señal de fracaso, sino más bien de una fuerza tremenda. En ese momento, yo creía que tenía tres meses libres antes de poder retomar mis conciertos (si no había rebrotes de COVID). Eso quería decir que, al menos durante tres meses, no viajaría ni tocaría, por lo que no acabaría enredado en la pequeña vida egocéntrica del músico que sale de gira. Por el contrario, podía dedicar esos meses a la pequeña vida egocéntrica del ser humano imperfecto que aspira a mejorar y que, por fin, tiene una verdadera oportunidad de lograrlo. Tenía las herramientas necesarias (tiempo, espacio, dinero, ayuda), las ganas y la ocasión. Resultó que tenía mucho más que tres meses sin conciertos debido al virus. Y…, bueno, la verdad es que creo que me hacía falta hasta el último segundo. Cosas que rara vez coinciden, si acaso alguna. No dejaba de pensar: «¿Qué puede pasar?».

Podría pasar que me sintiera pleno por primera vez en la vida. Fundar una familia menos caracterizada por la disfunción, el divorcio, el engaño y la enfermedad. Envejecer junto a alguien especial. Criar a unos niños preciosos y bilingües. Perder mi horrible acento inglés. Creer en mí y en mis capacidades. Ser capaz de dar a los demás y a mí mismo. Dejar mis peores partes atrás, o al menos rechazarlas, y, poco a poco, desarrollar las partes decentes de mi persona que España me ha permitido ver por primera vez.

En este sentido, hay mucho en juego. Las cosas que acabo de mencionar son privilegios, no derechos. Hay que ganárselas y requieren un trabajo, una dedicación y un esfuerzo de los que, a día de hoy, no sé si soy capaz. Por Dios, dados mis antecedentes, la locura de este mundo y lo impredecible de mi química mental, incluso existe la posibilidad de que ni siquiera sobreviva a los próximos años. No es melodrama, es un hecho que surge de la experiencia.

Lo que sí sé es que dispongo de la intención y las herramientas necesarias. Quiero vivir. Quiero crecer.

Quiero mejorar. Y España, bendita sea, me ha dado la oportunidad de hacerlo.

Unas semanas después de empezar con la medicación fui recobrando poco a poco una sensación de cordura y rutina. Cierta paz. Más de la que me había atrevido a esperar.

Me llevé a Mica a pasar un fin de semana en una vieja abadía que habían convertido en hotel: la Abadía Retuerta LeDomaine. Está a las afueras de Valladolid y es uno de los sitios más espectaculares en los que he estado en mi vida. La rodean campos, jardines, luz y sosiego.

El trayecto fue extraordinario: campos de girasoles, amplios cielos, verdor por doquier, iglesias y arquitectura impresionantes. Un viaje inolvidable por Segovia, Cuéllar, Tudela de Duero, pueblos diminutos y preciosos. Largos trechos de carretera con vistas de árboles y campanarios, y el indeleble y dulce olor de España.

Llegamos menos de dos horas después de salir de Madrid. En su interior, el hotel tenía una iglesia del siglo XII tan tranquila y pacífica que casi se escuchaba a Dios en persona.

Después de todo lo que había pasado en el año anterior —muerte, dolor, luchas, pena, vergüenza, estrés, traiciones, discusiones, falsas esperanzas, exposición, rabia, una tristeza insoportable—, allí hallaba por fin un poco de descanso. Varios días seguidos de paz y un renacer a la luz. En aquel instante, en aquella iglesia en la que resonaban en silencio ochocientos años de oraciones, tuve claro que me había llegado el momento de aceptar y acoger en mi vida la paz, el amor, la esperanza y la bondad al más profundo de los niveles.

Hablé con el personal del hotel y les pedí que llenaran de velas la iglesia. Le dije a Mica que entrara un minuto conmigo para echar un vistazo.

Entramos bajo el suave resplandor de docenas de velas, la luz que entraba a raudales por las vidrieras, la paz que resonaba a través de nosotros. Le dije que quería caminar a su lado el resto de mi vida, que era el centro de mi mundo y que era incapaz de imaginar un futuro sin ella. Puse una rodilla en el suelo, le acerqué un anillo que había pasado mucho tiempo buscando, porque quería que fuera perfecto, y le pedí que se casara conmigo.

Para mi incredulidad, júbilo y abrumadora alegría, dijo que sí.

Y ahora empieza la aventura de verdad...

NOTA A ESPAÑA
Capítulo 30

Ahora mismo siento más gratitud que nunca en mi vida. A pesar de mi furiosa cabeza, de mis frustraciones, del retorcido autoodio y de mis peores partes. A pesar de mi vergüenza.

La vida siempre será un caos implacable. Siempre habrá miedo, amenazas y odio. Siempre habrá hombres como Santiago Abascal, Matteo Salvini, Donald Trump y sus partidarios, que realmente son «todo estruendo y furia», en palabras de Shakespeare. De hecho, merece la pena leer todo el parlamento correspondiente de *Macbeth* porque en él hay mucha perspectiva, mucha sabiduría:

Mañana, y mañana, y mañana, avanza
escurriéndose a pasitos día a día, hasta
la sílaba final del tiempo computado,
y todos nuestros ayeres han alumbrado, necios,
el camino a la polvorienta muerte. ¡Fuera, fuera,
breve candelilla! No es la vida más que una
andante sombra, un pobre actor que se pavonea
y se retuerce sobre la escena su hora, y luego

ya nada más de él se oye.
Es un cuento contado por un idiota,
todo estruendo y furia, y sin ningún sentido.

Esta es la vida que nos ha elegido. Gran parte de ella es estruendo y furia, una andante sombra. En nuestras pantallas y radios, sobre el papel y en las calles y en política y en los negocios y en los tribunales y las familias y los hogares. Pero ¿qué pasa con las cosas dotadas de un sentido real? ¿Aquellas en las que el estruendo y la furia y la mezquindad retroceden y le abren paso al silencio, la paz, el significado? Yo las he hallado en dos sitios muy distintos. Encontré el silencio en la música en medio de una infancia rota, una zona de guerra que no le desearía a mi peor enemigo. El silencio estaba entre las notas, por debajo de ellas, en mi corazón y en mi cabeza cuando las escuchaba.

Y ¿la paz y el significado? Bueno, eso lo encontré en España. No solo en Madrid. No solo en los buenos momentos. Los hallé en las sombras, en los episodios dolorosos, en las partes desagradables. Aquí encontré el amor. Un hogar. Esperanza. Encontré todo eso porque, pese a las cosas horribles y escandalosas que suceden aquí, pese a las que nos hacen salir a las calles a expresar nuestra indignación, siguen siendo las cosas que hacen que España sea España. Por eso debo añadir otro elemento que he encontrado aquí, incluso en la España profunda. Algo que descubrí cuando nació mi hijo y con lo que jamás pensé que me toparía de nuevo: el amor incondicional.

Os veo. Veo la belleza de este lugar. La belleza del idioma, la calidez de la gente, el aire de las montañas, el sabor de la comida, el compás de los bailes, el ritmo de la vida, la sensación de comunidad, la amabilidad innata, la empatía, las ganas de ayudar, la arquitectura, los cielos, los olores, las vistas, la energía, la esperanza, el amor, el merecido orgullo, la majestuosidad, la cultura, la maravilla, las oportunidades y el puto esplendor absoluto y magnífico de este país. Veo todo esto incluso cuando me decís que estoy ciego, que me lo imagino, que la realidad es completamente distinta.

No hay forma de vender 2020 como algo más que un páramo desolado cubierto de mierda. Pero la verdad es que, ahora más que nunca, encuentro cosas aquí que no solo me permiten afrontar este 2021, sino que, además, me atrevo a decirlo, me hacen incluso prosperar.

España, en pocas décadas, ha tenido que hacer frente a una guerra civil, una dictadura, recesiones, ataques terroristas, niveles asombrosos de inestabilidad política, desastres naturales, graves incertidumbres económicas, a Pablo Motos, y, sin embargo, de alguna manera, ha logrado emerger como un ejemplo global de resiliencia, luz y belleza. Y claro que habrá mucha gente que lea la frase anterior, incluso si ya han leído hasta aquí en el libro, y me diga lo equivocado que estoy, lo mal informado o lo ciego que resulto ante la realidad.

Pero se me ocurren tantos ejemplos que colocan a España al frente y en el centro del escenario mundial... Los obvios son fáciles: una riqueza indescriptible de pintores, escritores, músicos, arquitectos y compositores. Nadal, Ramos, Puyol, Alonso, Gasol, Sabina, Serrat, Camarón, Almodóvar, Amenábar, Bayona, Coixet, Adrià, Roca, Banderas, Cruz, Casals, Caballé, Carreras, Balenciaga, Blahnik, Rabanne y así sucesivamente.

Por no hablar de los menos obvios. Los ignorados e inexplicablemente subestimados. La abrumadora cantidad de ciudadanos que son bilingües. Que hablen castellano y catalán, gallego, vasco, valenciano o mallorquín. Qué habilidad tan asombrosa.

Este país es uno de los más progresistas del mundo con respecto a los derechos LGTB. El Parlamento español lidera Europa en igualdad de género a pesar del ascenso de la extrema derecha. En una nota más ligera, España también tiene el mayor número de barras de todo el continente. Y el restaurante más antiguo del mundo, Casa Botín. Este país en que vivo inventó la grapadora, la fregona y produjo la primera gran novela moderna del mundo: el *Quijote*. Aquí no rige ninguna ley contra la desnudez pública (aunque a veces sería muy bueno que existiera).

España tiene la segunda esperanza de vida más alta de todos los países de la OCDE (solo después de Japón). Es líder mundial en producción de aceite de oliva y en donación de órganos humanos, y tiene una de las tasas de divorcio más bajas del mundo.

En marzo de 2012, según leí en la prensa británica y española, prostitutas de alto *standing* se negaron a tener relaciones sexuales con los banqueros del país hasta que abrieran líneas de crédito para familias con problemas de liquidez. (Decidme de nuevo que España no es asombrosa a este nivel.)

Este es el único país de Europa que produce plátanos. Almería, que era seca y desértica hace solo treinta y cinco años, ahora cultiva más de la mitad de todas las frutas y verduras de Europa utilizando tierra importada, hidroponía y la mayor colección de invernaderos del mundo. El primer sello postal que representa a una mujer desnuda se imprimió en España en 1930 para conmemorar *La maja desnuda*, de Goya. En el mismo año, el Gobierno de los Estados Unidos prohibió y devolvió cualquier correo con ese sello (serán gilipollas).

¡Coño, hay una calle en Leganés en honor a la banda AC/DC, por Dios! El primer traje espacial de astronauta se desarrolló en España en 1935. Con doscientos cincuenta días de cielo azul al año, Madrid es la capital más soleada de Europa. El único monumento al diablo en el mundo se encuentra en el Parque del Retiro.

Incluso, en plena pandemia, este país me parece, sencillamente, un milagro y una inspiración.

También veo la oscuridad, el odio, la injusticia, la pobreza, la ira, las drogas, los delitos y los asesinatos y las violaciones y la violencia y los abusos y la corrupción y otras mamarrachadas. Veo el dolor. Lo veo y lo experimento como propio. Veo la perfecta imperfección del país. Su capacidad de reconstruir, de dar vida. Y creo con todo mi corazón que no hay un lugar mejor para existir.

Si me permitís otra frase de un gran escritor: «Llevo tu corazón conmigo (lo llevo en mi corazón)».

Imaginad a un niño que soportó el inicio en la vida más espeluznante que quepa imaginar. Abusos de todo tipo, mentiras, desconfianza, trauma; este niño vive y se ahoga en su propia mierda. Lo adopta una familia que ya tiene hijos. Una buena familia. Con problemas normales. Cuyos hijos biológicos a veces se cabrean, se critican, consideran injustas ciertas cosas. El día a día normal de los adolescentes. Quieren un refresco, su madre les dice que no, ponen mala cara y dan un portazo. ¿Creéis que el chico al que han adoptado y rescatado, al ver la escena, va a sentir lo mismo? ¿Creéis que le importa no poder tomarse una puta Coca-Cola? ¿O que más bien se quedará con los ojos como platos, lleno de una insondable gratitud por vivir en un hogar donde no le pegan, no lo violan, no lo ignoran, en el que incluso se puede dar un portazo por un refresco?

Todos vosotros me habéis adoptado. Yo soy el niño que pone los ojos como platos, por mucho que tenga cuarenta y cinco años. A lo mejor no os hace gracia que me encuentre aquí, a lo mejor os parece absolutamente fatal. Ya, nadie os pidió permiso de antemano, lo entiendo. Hay grandes posibilidades de que muchos de vosotros lamentéis de veras que no haya elegido otro país (aunque entonces no creo que estéis leyendo esto).

A lo mejor os he impuesto mi presencia, os he irritado, os he ofendido. A pesar de que pago impuestos, de que intento devolver algo, de que hago lo que puedo por expresar mi gratitud, quizá nada de eso baste para algunos de vosotros. A esas personas, les pido perdón. No por mi decisión de vivir aquí, por eso jamás pienso pedir disculpas, sino porque ahora formo parte de vosotros y, si mi presencia o mis actos en este lugar os han molestado, entonces me parece que tiene sentido ofrecer una disculpa sincera.

Llegué aquí roto y vosotros, solo por existir y formar parte de este país, me habéis ayudado a que vuelva a ser una persona entera. Os doy las gracias con una intensidad que me resulta imposible expresar solo con palabras. Por eso acabo este libro, esta carta de amor, esta crónica del capítulo más milagroso de mi vida, prometiéndoos que, queráis o no que esté aquí, estéis de acuerdo o no con mis posiciones políticas, mis ideas, mis opiniones, mi forma de ser, seguiré esforzándome todos los días por devolveros lo que me habéis dado al concederme un hogar.

Todos y cada uno de los días.

Os doy mi palabra.

Un día, si Dios quiere, me habré ganado el derecho de tener un pasaporte español. Renunciaré a la ciudadanía de Gran Bretaña. Y lloraré de felicidad. De hecho, todo el papeleo ya está al día y presentado y, mientras escribo esto, espero noticias positivas, como un niño en la noche de Reyes. Deseo profundamente que, cuando este libro se publique, yo sea un autor español, no británico.

Aquí he vuelto a nacer. De eso no cabe duda. Por eso yo también, como vosotros, he sido dado a luz. Y menuda luz.

A medida que nos adentramos cautelosamente en el 2021 con la incertidumbre de la distribución de la vacuna, las diferentes cepas del virus, las movidas financieras, la inestabilidad política, la reconstrucción tanto física como emocional, existe la pequeña posibilidad de atreverse a esperar que este año sea el comienzo de un Nuevo Orden valiente y mejor. No hay ningún lugar en la Tierra en el que prefiera estar.

No podría haber pedido más. Nadie podía haber pedido más.

Os dejo con la novena y última pieza de la lista de reproducción. Una que compuso Schumann para expresar el amor que le inspiraba Clara, su mujer. La llamó Dedicatoria. *Como no podía ser de otro modo, os ofrezco mi interpretación y os la dedico a todos vosotros. En concreto a ti, sí, a ti, que estás leyendo ahora mismo estas palabras: seas quien seas, estés leyendo estas palabras donde las estés leyendo, esta pieza es para ti y sale de un corazón agradecido y con todo el amor del mundo.*

EPÍLOGO

Empiezo 2021 siendo español.

Cuando, hace casi cuatro años, me dijeron que podía obtener la ciudadanía comprando un piso aquí, solicitándola por naturalización o por residencia, pensé que, con el tiempo, probaría las tres rutas para ver con cuál podía lograrlo primero. Y es que, ¿quién no exploraría todas las vías disponibles con lo maravilloso que es este país?

Y cuando, casi cuatro años más tarde, recibí el mensaje del Ministerio de Justicia que decía que mi solicitud había sido exitosa, sentí que ese era, después del nacimiento de mi hijo, el día más importante de mi vida. Supongo que no me di cuenta de cuánto lo deseaba hasta que tuve la suerte de conseguirlo. Por fin puedo sentirme como en casa, a salvo, capaz de respirar. Y toda la tensión que inconscientemente había estado acumulando, el miedo a perder lo que había estado buscando durante toda mi vida si era deportado, expulsado, enviado de regreso a Brexitlandia, se liberó y me eché a llorar sin más. Entre todos me habéis dado ese regalo precioso y estaré agradecido hasta el día de mi muerte.

Soy consciente de que hay muchos miles de personas que trabajan más duro que yo, que llevan aquí más tiempo que yo, que merecen resuelta y absolutamente un pasaporte español. ¿Debería cambiar el sistema y facilitarle la obtención de la nacionalidad a personas que están legítimamente cualificadas para ello? Por supuesto que sí. También debería ser más fácil para aquellos que no están en esa situación.

No me corresponde a mí juzgar si todo eso dio mérito a mi ciudadanía (apenas puedo decidir qué ponerme cada día; sería incapaz de dar mi opinión sobre algo así). Pero sí puedo decir gracias. De corazón.

Desearía con toda mi alma haber podido escribir en este epílogo que la Ley de la Infancia ya ha sido aprobada oficialmente. Por desgracia, en el momento de salir a imprenta el libro, eso aún no ha sucedido. Sin embargo, estoy convencido de que su aprobación es inminente (y lo sé de buena tinta), incluso si esa palabra, al parecer, significa algo diferente para los políticos. Y seguiré luchando por la visibilidad, la protección y el apoyo compasivo a todos los niños y las niñas. Creo fervientemente que debemos hacer todo lo posible para tratar de ofrecer a nuestros hijos aquello que no recibimos en nuestra propia infancia. Así es como construimos un mundo mejor.

Mientras que los derechos de los peques siempre serán mi prioridad, mi atención también se centra en mis relaciones, mi trabajo y mis compañeros y compañeras compatriotas que diariamente tratan de hacer que nuestra hermosa España y esta pequeña bola azul que es nuestro planeta sean aún más radiantes y compasivos.

Si eres uno de ellos, y si has leído hasta aquí me imagino que lo eres, quiero que sepas que no puedo estar más orgulloso, más feliz o más emocionado de compartir un país contigo.

ÍNDICE